貯金すら まともに できていませんが この先ずっと お金に困らない方法 を教えてください！

税理士
大河内薫

漫画家
若林杏樹

sanctuary books

プロローグ
おはよ〜
おはよー
せっかく家に帰ってきたんだからゆっくりしていきなさい
うん そうする
朝ごはん食べる？
うん
今日の日経平均は〜
私は目玉焼き2個
OK〜
帰らないでずっと家にいなさい
脱サラして漫画家になった私（あんじゅ先生）
定年後、嘱託で任期終了まで働き退職してゆっくりしている父
少しだけパートをしている母
ぷっ
幸せだった……
しかし……
ドロ
ねえ

私たち老後
2000万円
必要だけど
準備できる？
ドーン
父さんも2000万円欲しいっ
じゃあ4000万円か
人生100年時代！

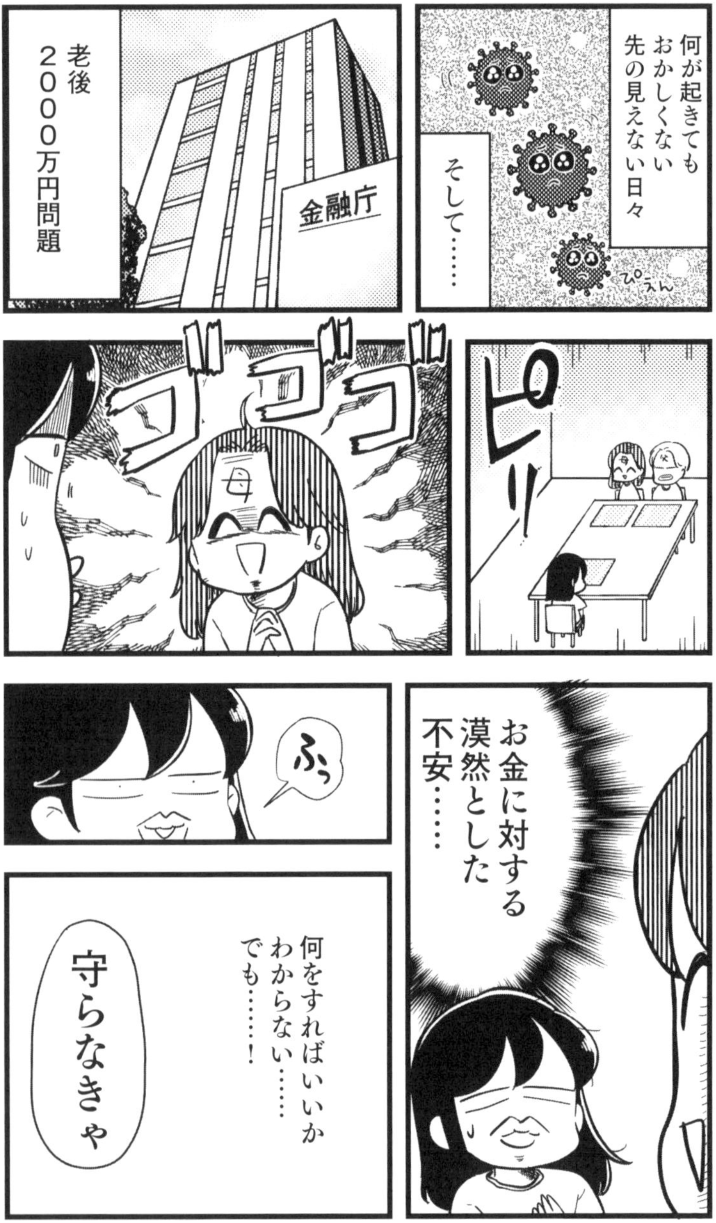
何が起きても
おかしくない
先の見えない日々
そして……
ぴえん
老後
2000万円問題
金融庁
ピリ!
ゴゴゴ
母
お金に対する
漠然とした
不安……
ふぅ
何をすればいいか
わからない……
でも……!
守らなきゃ

ギラ
自分のお金は自分で
しっかり守らなきゃ……！
貯金よ……
漫画家としての印税
が少し入ったからな
何もわからないまま
フリーランスになっちゃいましたが
税金で損しない
方法を教えてください！
ギリギリまでぶっちゃけます
フフフ
仕事辞めた時の
退職金は
税金に持って
いかれたが……
つうちょう
印税は
貯金しまくる
ぞーー！
ちょっと
待って
おーっ
ズッ

どうも
税理士の
大河内薫です！
ジャーーン！
テッテレー！
おー
大河内さん
どーもです！
パチ
パチ
このたび印税を
親の老後のために
大切に貯金しようと
思ってて……
あんじゅ先生
そのお金
減るかも……
えっ
貯金すると
お金が減って
損をするよっ
てこと！
ぼくは
おすすめ
しないな〜
はぁ？

えー
何言ってるんですか大河内さん
僕は…
貯金したら
バァーン
お金は減ると言っている！
え、誰かに盗られるってこと!?
チャリーン
ぶーたん
500
いやそんなことない！
銀行にちゃんと預けていれば盗られない！
BANK
あんじゅ先生……
お金を減らさない方法…それは……
増やすこと！
増やす？
クワッ

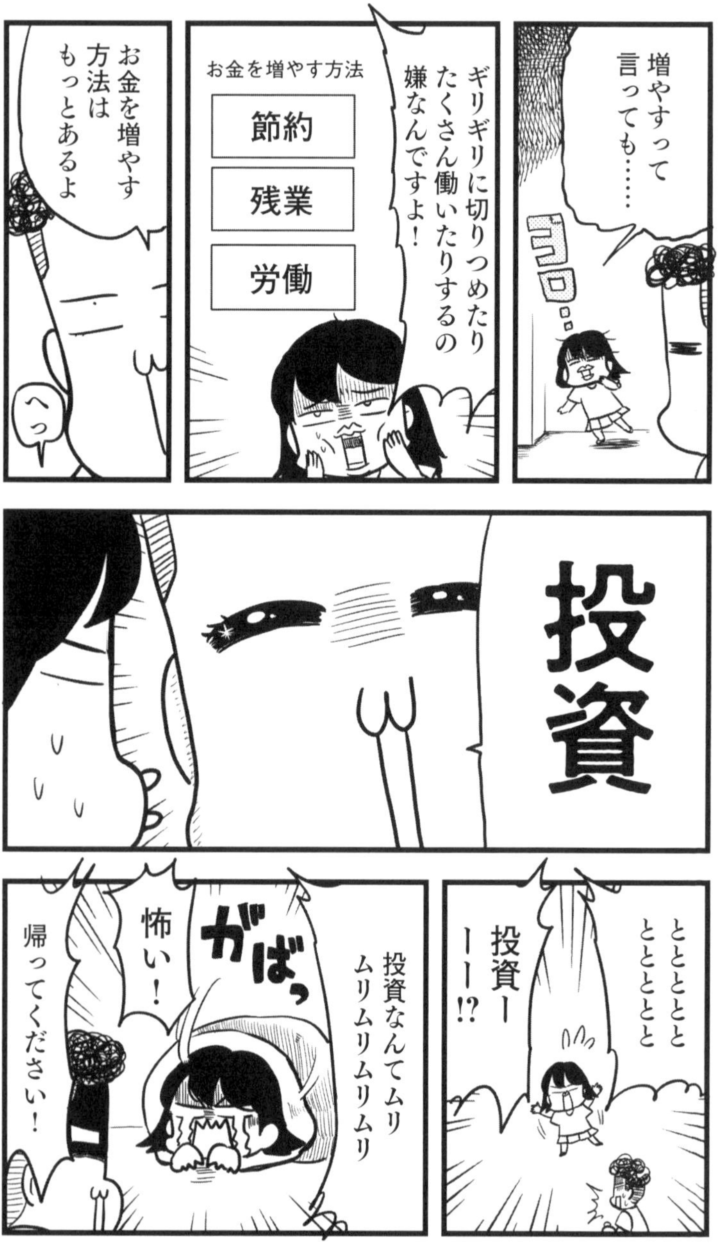
増やすって言っても……
ゴロ
ギリギリに切りつめたりたくさん働いたりするの嫌なんですよ！
お金を増やす方法
節約
残業
労働
お金を増やす方法はもっとあるよ
へっ
投資
とととととととととと
投資ーーー!?
投資なんてムリムリムリムリムリ
がばっ
怖い！
帰ってください！

投資……
怖くないでちゅよー
ぱあっ
ぜーんぜん投資
怖くないでちゅよー
僕がね
教えてあげまちゅ
からねーーっ
(数字とか
苦手で……)
バブバブ…
バブ
(うまくできな
そう……)
バブーバブ
バブ
うーん
しょか
しょかー
こういうの
だけが投資
じゃないん
でちゅよー
カチャ
カチャ
このレート
買いィ!!
オレでなきゃ
見逃しちゃうね
バブー
?
税理士で
お金のプロである
この大河内
バブー
お金の守り方
教えます!

目次

CONTENTS

2章 「税金と保険」でお金を守る！

3章
「投資」でお金を守る！

4章
投資信託　理解編

CONTENTS

5章 NISA 実践編

6章 iDeCo 実践編

CONTENTS

7章 「日常に潜む罠」からお金を守る！

1章

「貯金」じゃ
お金を
守れない？

そよそよ
ちゅぱ
ちゅぱ
ちゅぱ
ちゅぱ
ちゅぱ
貯金もまともにできてないのに投資と言われてしまったよ……
投資こわくないでちゅよー
んねーーっ
お金って何をどうすれば損しないのかよくわからないんだよなー
うーん やっぱり投資は怖いな!!
100万とけた!!
ガックーン
もんもん
不安すぎる…
ま、めんどくさいしこのままでいっかー!
スッ
ちゅぱ
ちゅぱ
ゴロ
ゴロ
ダメだよ!!!
ギャー!!!

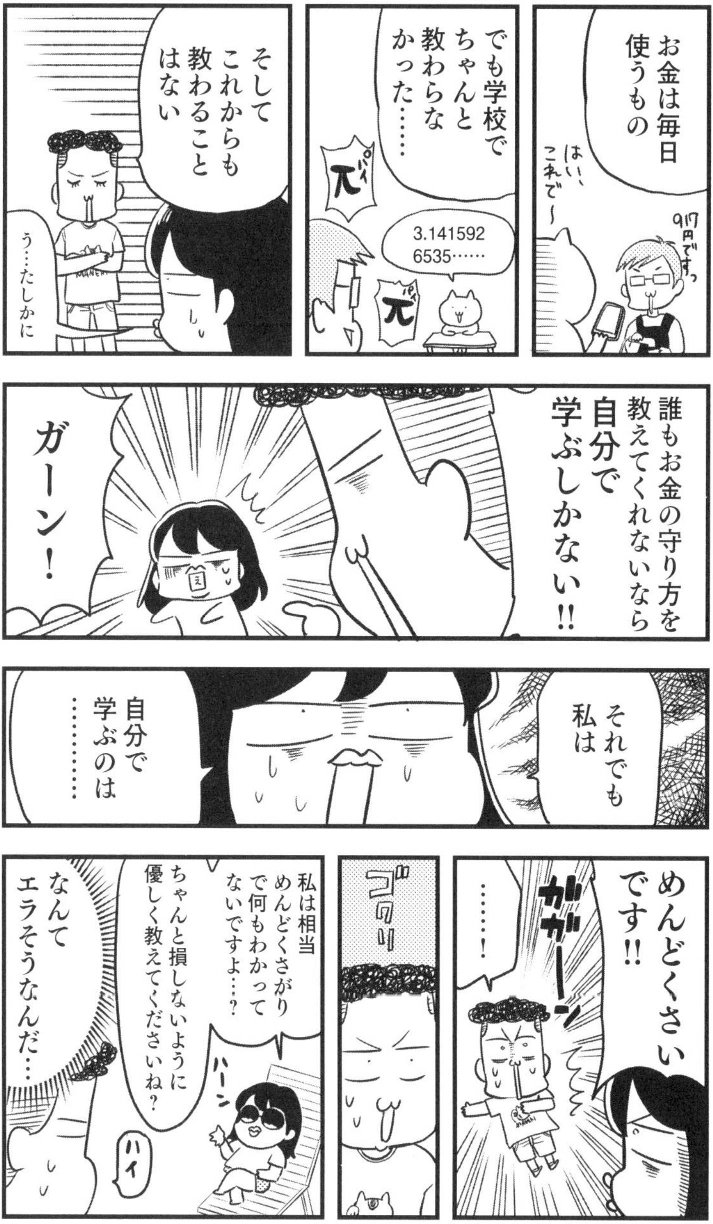
お金は毎日使うもの
はい、これで〜
917円ですっ
でも学校でちゃんと教わらなかった……
π《パイ》
3.141592 6535……
π《パイ》
そしてこれからも教わることはない
う…たしかに
誰もお金の守り方を教えてくれないなら
自分で学ぶしかない!!
ガーン!
それでも私は
自分で学ぶのは………
めんどくさいです!!
ガガーン
……!
ゴクリ
私は相当めんどくさがりで何もわかってないですよ…?
ちゃんと損しないように優しく教えてくださいね？
ハーン
ハイ
なんてエラそうなんだ…

人生にはいくら必要？

そもそも我が人生にはいくら必要なんですかね？
お！いい質問だね！
ばぶー
じゃあ逆に質問！人生で大きなお金を使う時っていつだと思う？
う〜ん
結婚
リーンゴーン
約362万円※1
家を買う
全国平均
3454万円※3
車を買う
新車で
100〜300万円
出産
ばぶ
約50万円※2
子供の教育費
勉強好きねー
バリ
バリ
幼稚園〜高校まで
公立　約540万円
私立　約1800万円※4
旅行
ウェ〜イ
ウェイッ
はたして自分は結婚できるかはおいといて
こんな感じ？
もしもの時に備えたお金もあるといいよね
・急な転職や失業
・親の介護
・病気やケガなどの医療費
・老後の生活資金
ほー
100万円すら持ってませんが足りますかね？
足りないよ
わかっとるわ!!
そんな大金庶民は持ってないわ!!
ピキィ

※1「ゼクシィ結婚トレンド調査2020」（全国推計値）の式費用より
※2　公益社団法人 国民健康保険中央会「出産費用 平成28年度」より
※3　住宅金融支援機構「フラット35利用者調査」（注文住宅の所要資金）より
※4　文部科学省「平成30年度子供の学習費調査」より

ぐっ！
ハァハァ…
……
うっ
うっ
国がたくさん金をバラまきませんかね…？
国
ホレッ 金じゃ〜〜
ないよ…
税理士 大河内さん 紹介コーナー
・都内で税理士事務所を経営している
・全国の学校でお金の授業をしている
・YouTube 登録者数約30万人！
SNSが得意！ お金に関する発信をしてるよーっ!! お金の使い方・守り方をやさし〜くお伝えします!
夢はお金の教育を義務教育に！
お金を学べば人生が変わる！
そういえば年金って私たちはもらえないんですよね？
1960年
2021年
よく見る地獄絵図
もらえるよ！
もらえるの!?
モチのロン
大河内さんみたいな上級国民じゃなくても？
僕ら世代が年金をもらえなくなることはない！
上級国民じゃないよぉお!!
金額が減ったりもらえる時期が遅れたりすることはあるかもしれないけど
うーーん
自分が年金にいくら払ってるかも知らないや
わからないのか!!

そもそも年金とは？
そもそも年金って何なのかがわからない!!
お年よりを支えているのはわかる!!
ええっ
年金とは大きく分けて2つ！
国民年金（基礎年金）と
・日本に住む20歳以上60歳未満の人は、全員加入
・保険料は全員一律で、景気などに連動して毎年変動
ばーーーん
厚生年金だー!!
・会社員と公務員は、全員加入
・保険料は収入によって変動。料率も毎年変動
ばばーーーん
年金は「2階建て」と言われているよ
2階建て
1階建て
厚生年金
国民年金
国民年金
フリーランス
会社員
あんじゅ先生は個人事業主だから1階建てね
へーい
で、
ぶっちゃけ年金いくらもらえるの？
みんなそこが聞きたいのよ〜
わかる？
2021年時点だと……

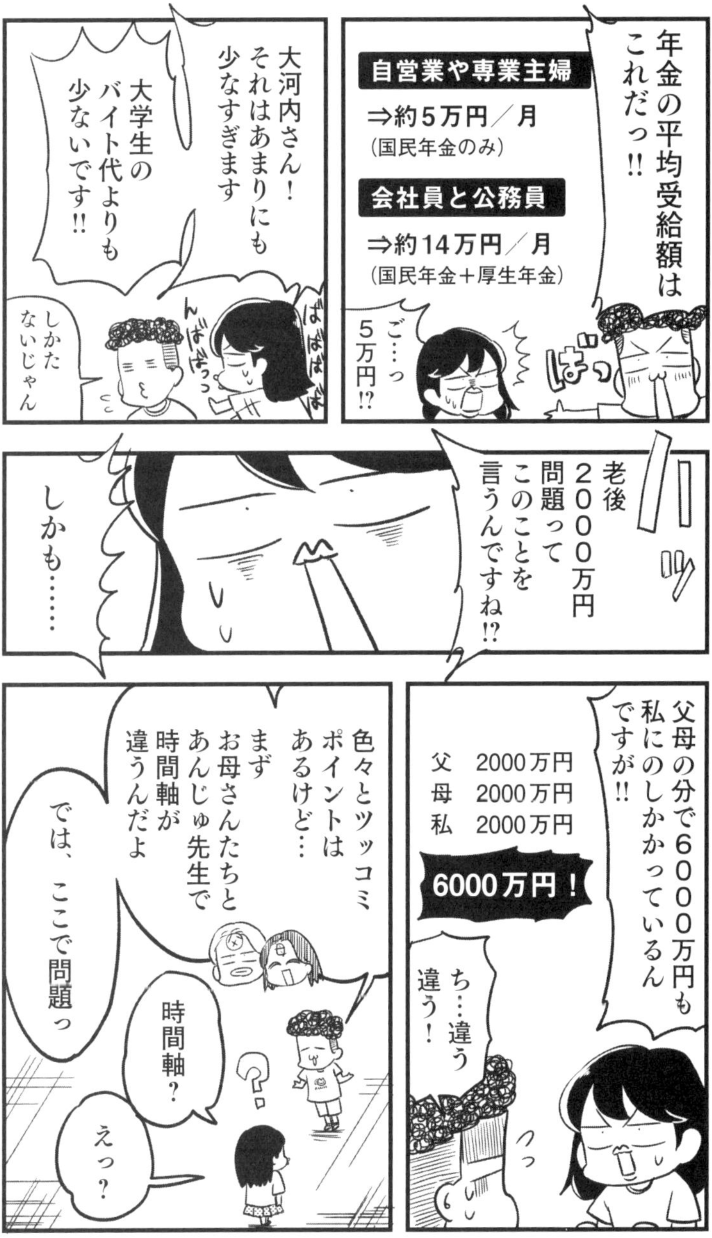
年金の平均受給額はこれだっ!!
自営業や専業主婦
⇒約5万円／月
（国民年金のみ）
会社員と公務員
⇒約14万円／月
（国民年金＋厚生年金）
ばっ
ご…っ5万円!?
大河内さん！それはあまりにも少なすぎます
大学生のバイト代よりも少ないです!!
ばばばば
んばばっっ
しかたないじゃん
ハッ
老後2000万円問題ってこのことを言うんですね!?
しかも……
父母の分で6000万円も私にのしかかっているんですが!!
父 2000万円
母 2000万円
私 2000万円
6000万円！
ち…違う違う！
色々とツッコミポイントはあるけど…まずお母さんたちとあんじゅ先生で時間軸が違うんだよ
では、ここで問題っ
時間軸？
えっ？

お父さんたちが
もらっている年金は
誰が払ったでしょう！
わーいっ
ピンポン
ぱかっ
あ
若き日の父!!
バリバリバリ～
ありがとう
若い自分!!
ブブーーッ
ハッ
ああ!?
父も私もみんな
よくわからないけど
年金払ってるん
ですよね？
少しずつ貯まって
それが65歳以降に
くるんでしょ？
何が間違って
いるんですか!?

お父さんが
もらっている年金は
お父さんが貯めたもの
ではない……
え!?
お父さんが
もらっているのは……
今、現役世代が払っている
お金!
あんじゅ先生が
払っている
お金!!
えーーーー!!!!
はい
父さん
えっ
こういうこと…?
えっとー
うんと……
父も
自分の娘から
お金もらいたく
ないと思います
ネッ
だから
父さんの年金
……
私がもらおう
かなって
思ってます
くすねます
ダメー!!

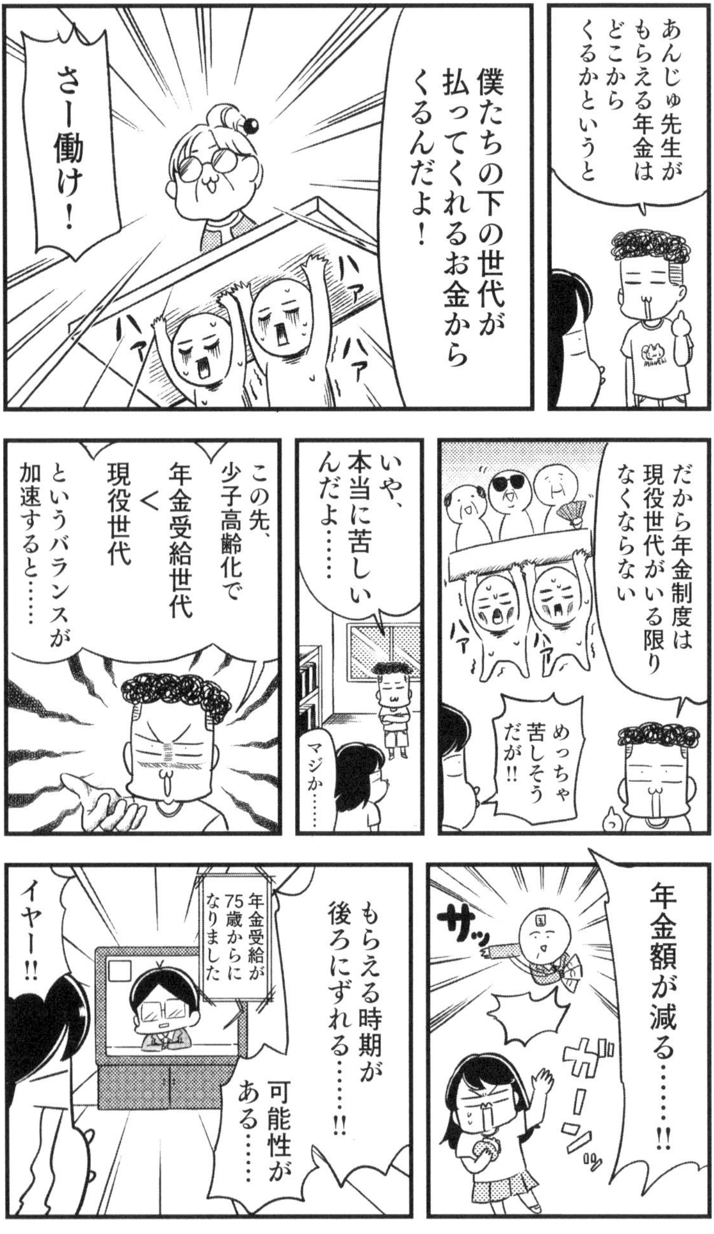

あんじゅ先生がもらえる年金はどこからくるかというと
僕たちの下の世代が払ってくれるお金からくるんだよ！
さー働け！
ハァ
ハァ
ハァ
ハァ
だから年金制度は現役世代がいる限りなくならない
ハァ
ハァ
めっちゃ苦しそうだが!!
いや、本当に苦しいんだよ……
マジか……
この先、少子高齢化で年金受給世代 < 現役世代というバランスが加速すると……
年金額が減る……!!
サッ
国
ガーン
もらえる時期が後ろにずれる……!!
可能性がある……
年金受給が75歳からになりました
イヤー!!

最悪じゃないですかー！
うん つまり年金は
今の60代はもう年金受給額とか結果は出ていて
どうすか？
どーもこうもねえわっ
あんじゅ先生にとって重要なのは自分が60代になった時！
そして最大のツッコミポイントは……！
スッ
本当にみんなが２０００万円足りないのか!?
老後2,000万問題
おおーっ!!
ビシィ

足りないのは、本当に2000万円?

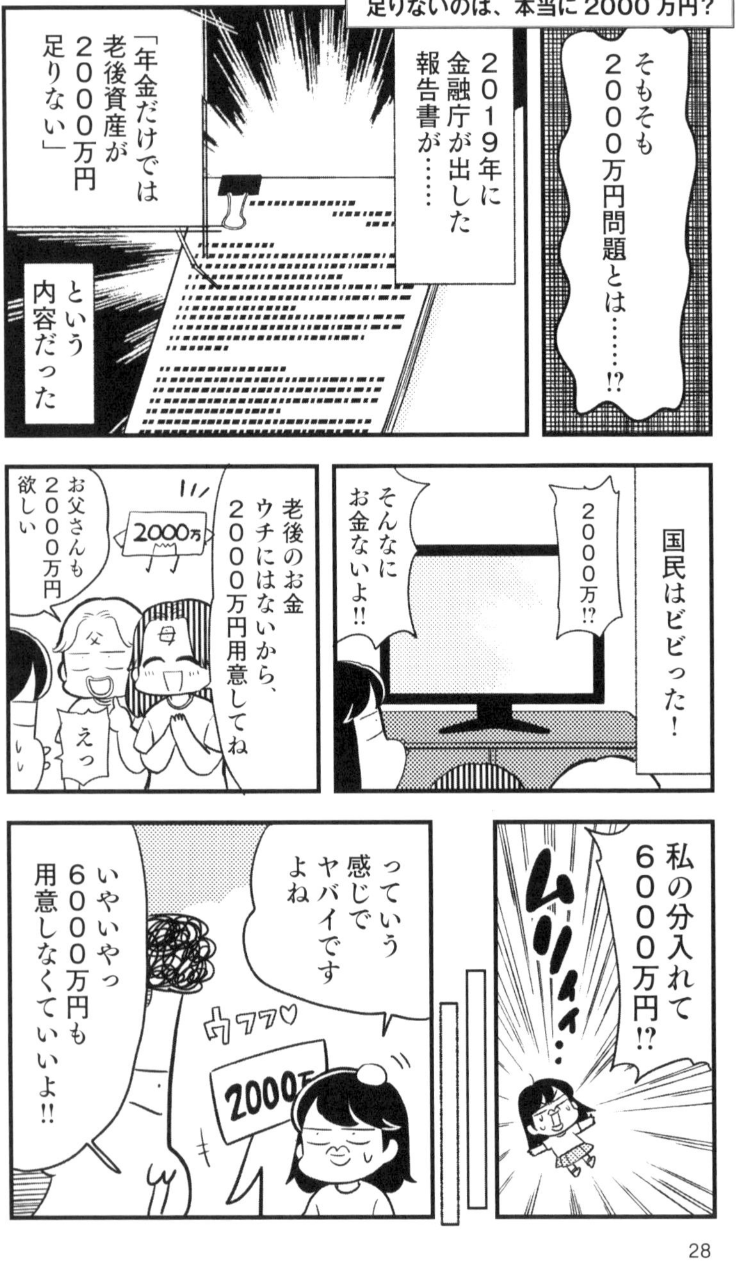

そもそも2000万円問題とは……!?
2019年に金融庁が出した報告書が……
「年金だけでは老後資産が2000万円足りない」
という内容だった
国民はビビった!
2000万!?
そんなにお金ないよ!!
老後のお金ウチにはないから、2000万円用意してね
2000万
お父さんも2000万円欲しい
えっ
私の分入れて6000万円!?
ムリィィ…
っていう感じでヤバイですよね
ウフフ♡
2000
いやいやっ6000万円も用意しなくていいよ!!

っていうか この２０００万円 という数字……
ん
2000万
ゴゴゴ
えっ なんすか
2000万
２０００万円 あなた……
どこから 出てきたの？
2000万
なんか国の おエラいさんが 計算したんじゃ ないの？
ククク……
えっ
サッ
2000万
実はその 計算があやしい！
僕が 計算して みる！
えっ!!
えっ！

金融庁の計算の場合
夫婦2人を想定
うち1人は専業主婦
(仮に妻を主婦とする)
働いている方は20〜60歳の時の平均月給が約30万円
月30万円
せっせっ
この夫婦のもらえる年金は……
いくらー？
60歳からもらえる年金の世帯収入が毎月約20万5000円です
60歳
サッ
国
きゃっ♡
ありがとうございまーす
でも生活費が約26万円※
サッ
20.5万円－26万円
＝－5.5万円
5万5000円足りない!!
※総務省の2017年家計調査データより
この不足金額5万5000円が60歳から30年続くと……
2000万円足りない！
60
90
という計算……

はい！ この計算 どう思う？
え!!
どう思う？って言われても……フーンって感じです
フーッ
フーンじゃないよ!!
もうちょっと考えてよ!!
今までの年金受給者はたしかに専業主婦が多かった
……
2000万
なぬっ
でもさっきも言った通り今の60代は年金受給額が決まっている
だから今の世代に同じ条件で2000万円と計算するのはおかしい……
共働きの場合は年金収入がもっと増える!!
共働き
おーっ
たしかに〜
フリーランスだったら年金収入は下がるけど定年なく働ける!!
フリーランス
おーっ

世帯で計算しているけど結婚しない場合は⁉
独り!
独身
ヒィー
それなっ
生活費は平均で出しているが実際は人それぞれじゃない?
オレもマックとか行くよ?
ワフッ
セレブ
ボクは25万じゃ足りない…
くっ
ビンボー
つまり2000万円という数字が一人歩きしているけれども……
2000万
ウェーイ
てくてく
イェーイ
全員が2000万円足りないとは限らない!
足りない金額は4000万円かもしれないし
1000万円かもしれない
ひょっとしたらフツーに足りる人もいる

自分に必要な金額を計算してみる
あんじゅ先生の老後、いくら必要か計算してみようか！
ゴゴゴゴ
おお……怖～……
もし予定通り65歳から年金を満額もらえて90歳までとすると……
年金受給額
6.5万円※×12ヶ月×25年
＝1950万円
65
25年
90

※ 2021 年時点、満額受給は年間 78 万円＝月約 6.5 万円

あんじゅ先生って生活費どれくらい？
20万円くらいかな？
65～90歳までの生活費をざっくり計算すると……
20万円×12ヶ月×25年
＝6000万円
かかる費用
家賃
食費
衣服
日用品
医療費
交際費
けっこうあるなー
生活費－年金受給額
6000万円－1950万円＝4050万円
カタカタ
4050万円だよ！
何が？
2000万円どころじゃなくて
あんじゅ先生に足りないのは4050万円!!
はぁ!?

いや、ちょっと…
ええ!?
4050万円
ぱっ
4050万円!?
ガーン
2000万円以上足りねーー!!!!
アハハハハハ
親が持ち家だからそれを継げば家賃は浮くかも
おーっ
MANEKI
弟が結婚して家を取られたらそのままだよ
ニヤリ
やめてええ!!せっかく見つけた突破口を!!
ぴえん
世の中の人はどうやってお金を工面しているんだーっ!!
ぞうきばいばい!?
その話はこの本の後半でまたやります

貯金するとお金が減る?

フリーランスの年金は1階建てです!
厚生年金
国民年金
国民年金
フリーランス
会社員
国
ハイ……わかったよ……
年金はもらえるけど少ないし……やっぱり地道に貯金するしかないじゃん……
ちゃんと貯めろよ
貯金で何十年かかるんだか……
……
はぁあ
あ、ちょうちょ
さっき言っていた貯金するとお金が減るってどういうことですか!?
たらっ

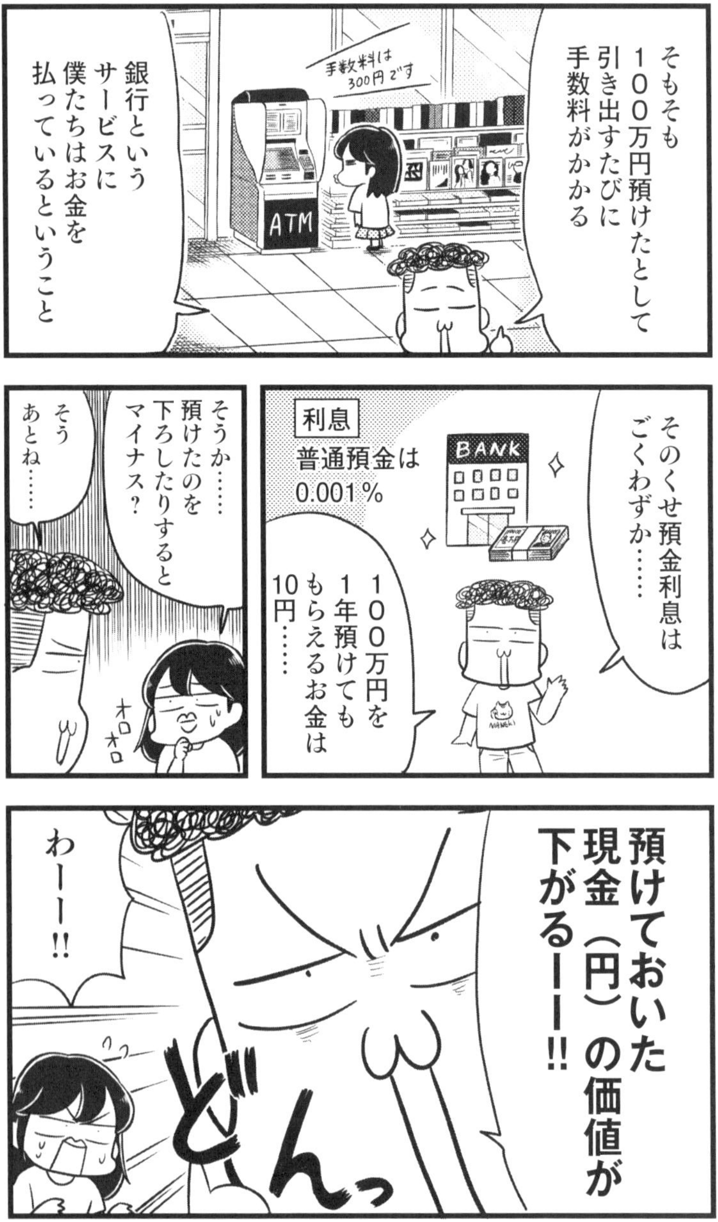
そもそも１００万円預けたとして引き出すたびに手数料がかかる
手数料は300円です
ATM
銀行というサービスに僕たちはお金を払っているということ
そのくせ預金利息はごくわずか……
利息
普通預金は0.001％
BANK
１００万円を１年預けてももらえるお金は10円……
そうか……預けたのを下ろしたりするとマイナス？
そうあとね……
オロオロ
預けておいた現金（円）の価値が下がるーー!!
わーー!!
どんっ

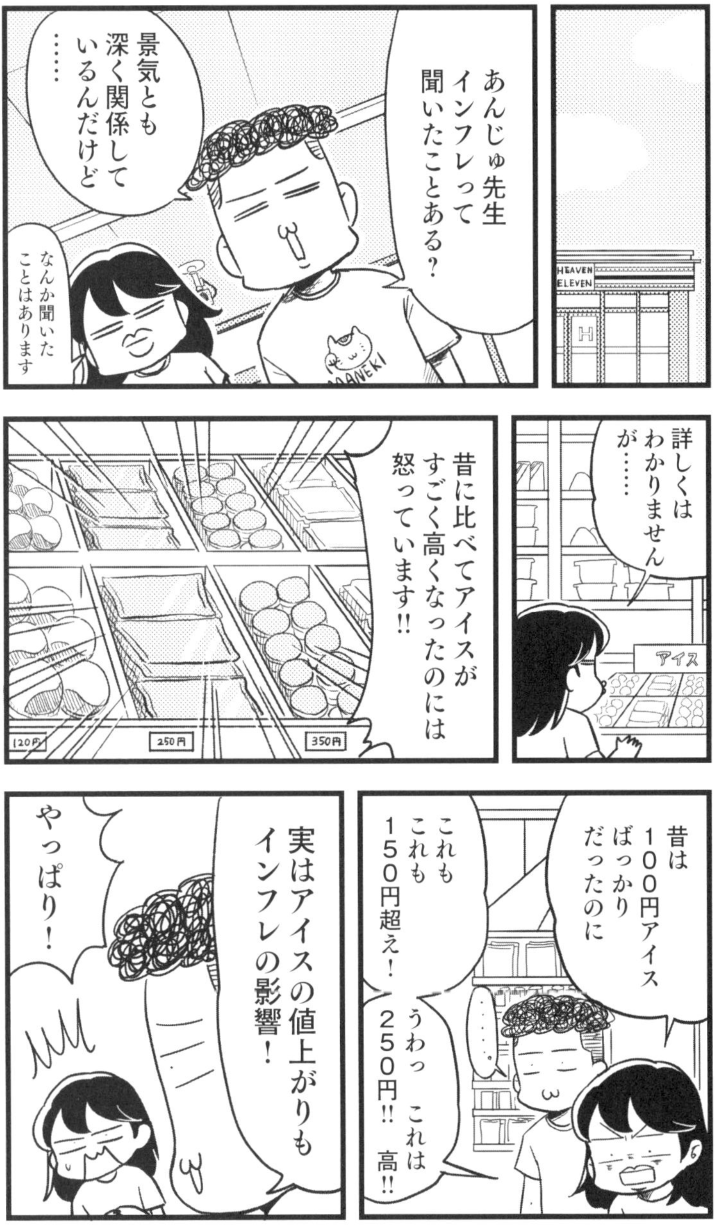
HEAVEN ELEVEN
あんじゅ先生 インフレって 聞いたことある？
景気とも 深く関係して いるんだけど ……
なんか聞いた ことはあります
詳しくは わかりません が……
アイス
昔に比べてアイスが すごく高くなったのには 怒っています!!
120円
250円
350円
昔は 100円アイス ばっかり だったのに
これも これも 150円超え！
……
うわっ これは 250円!! 高!!
実はアイスの値上がりも インフレの影響！
やっぱり！

あんじゅ先生に
600円あげるね！
え！いいんですか⁉ハーゲンダッツ2個買えるじゃん！
そう 今だったらハーゲンダッツが2個買えます
30年間、大切に大切に貯金しておいたら……
ハーゲンダッツは1個しか買えなくなってしまいました
これがインフレ
物の値段が上がること…
550えーん
450えん
350えん

見方を変えればお金の価値が下がったということ……
イマ
100
500
ハーゲンダッツ２個
未来
100
500
ハーゲンダッツ１個
DOWN
買える量が減ってしまった
うわーっ
BANK
貯金は安全じゃない
手数料をじりじりと取られていくし世の中がインフレを続けたら……？
買える物が……減る!?
その通り！正解！
うれしくなーい！
今って貯金いくらくらい？
うーん残高１００万円くらいかな
今と30年後じゃほぼ間違いなくその１００万円の価値は変わる！
30年後は買える物の量が減っている！
ぐぬう！

未来はインフレにならないかもじゃん
わかんないじゃんっ
ちっちっち
世界各国の政府はインフレ率2%を目指しています
ガーン
インフレシターーイ!!
ミートゥ!!
なんですとおお!
言い換えれば毎年2%お金の価値を減らすのが目標……!
しかも
ガー
ガー
新型コロナの影響で各国政府がお金を刷りまくっている!
んなーっそんなことしたら!
ガーガー
GO!!
新型コロナが終わったらお金が余るかもしれない……
フフフ……
ヤバイ
お金に限らず世の中に余っている物の価値は?
キャベツとれすぎたー!
安い～うれし～
わーいっ
キャベツ特売!
70円
下がる……

この先さらにインフレになる可能性は高い！そうなればお金の価値は下がり続ける！
だから、「現金しか持ってない」＝「貯金しかしない」はリスク！
ふーむ…
リスク……かあ……
もったいないとかじゃなくてリスクか〜
もうひとつ質問です！
そもそも、日本ってこれからイケイケだと思う？
それともイマイチだと思う？
うッ!!
イマイチだと思います……！
デロリ
ニマ…
くっ
日本がイマイチだと思っているのに日本のものしか持っていない
う…
うう…
日本が発行した〝円〟しか持っていない

現金だけを持っている人と
お金について学んで現金とそれ以外を持っている人
持つ者と持たざる者の格差は広がっていく！
MANEKI
く〜っ
これが格差社会……！
もちろん貯金にだっていい所があるよ！
キャッ
キャッ
でも……
貯金だけだとリスクがある
投資は怖いと思われているけどいい所もある
投資
貯金
じゃーん
だから、どっちもやっていいとこ取りをするのが賢いお金の守り方だよ
貯金も……投資も……
どっちもやれというのか……？

大河内さん！
貯金すら大変なのに投資に回すお金なんてありませんよ!!
んなっ
フッ
やっと投資も考えるようになったな……
あんじゅ先生……
まずは日常のお金を見直してみよう!!
そして
日本の制度は意外とすごいんだー!!
国
MANEKI

大河内先生のやさしいお金講座①

お金の不安を減らす近道は、お金について学ぶこと

この本があなたのお金を守る武器になる

貯金、インフレ、老後2000万円問題など、誰だってお金についての不安はあります。でもそれらをひとつひとつ理解していくことで不安は減っていきます。理解をすれば対策が立てられるので、不安がなくなることもあります。

1章では、本書の主役「お金のことを何もわからない人代表」、漫画家のあんじゅ先生から不安や焦り、怒りが溢れ出ていましたね。

日本にはお金の教育がありません。教育がないから、お金について何もわからなくて当たり前です。あなたがお金に弱い人でも落ち込む必要はありません。

お金のことを何も知らないあんじゅ先生の率直な質問に、大河内がなんとかわかってもらおうと必死で答えます。それを笑って眺めて、あんじゅ先生と一緒に少しずつお金について強くなってください。

本書の目的は「お金をたくさん稼がせる」ことではありません。**「今ある収入と資金で、どれだけお金と自分を守る力を高めるか」**のお話です。その時一番重要なのが国の制度です。

2章では**税金・節税・年金・医療保険**のすごさを学びます。これらを理解して活用することで、収入を増やさずとも必ずや手元のお金を増やすことができるでしょう。

3章と4章では**投資の基礎知識**を学びます。

一般的には投資は怖いものと思われていますが、そんなことはありません。実は国は投資を推奨しているし、何なら国は大事な場面で投資を活用しています。このあたりを知れば、投資への不信感は減っていくはずです。

そして5章と6章では国の制度を活用しながら、**投資でどうやってお金を守っていくか**を学びます。

ここまでたどり着いて行動できれば、あなたのお金の不安はかなり減っているでしょう。

けれど油断は禁物。お金の知識が増えると、気になる情報が増えます。**投資詐欺や、ぼったくり金融商品、借金などの罠にはまらないためのポイント**を、7章で解説します。

さて、どうですか？　ワクワクしていますか？　緊張していますか？　めんどくさいですか？

めんどくさくてもいいんです。あんじゅ先生が本書でめんどくさがっている姿は数え切れません(笑)。少しずつあなたのペースで進めていきましょう。

日本人のお金の知識は赤ちゃんみたいなものです。そこから脱することができれば、かなり生きやすくなるはずです。周りはみんな赤ちゃんですからね。

1回で理解できる人なんてほとんどいないから、安心してください。理解が追いついていないと感じたら、繰り返し漫画で笑って学んでください！

1章のまとめ

◎年金は、「国民年金」と「厚生年金」の2階建て

◎老後2000万円問題は、全員には当てはまらない。2000万円以上足りない人もいれば、すでに足りている人もいる
（＝自分に必要な額を知ることが大事！）

◎インフレが続くと、物の値段が上がり、現金の価値は下がる
（＝貯金で現金しか持っていないのはリスク！）

お金を守るポイント

守る　世界はインフレ率2％を目指している＝毎年2％ずつお金の価値は下がっていく！

守る　貯金と投資の二刀流が、賢いお金の守り方

2章

「税金と保険」でお金を守る！

某オフィス
ねえ ねえ！
投資って ひと言で言うと なんだと思う？
う…… うーん
にぱーっ
NIKU
怖い!!
投資は ギャンブル!!
ぎゃん ぎゃん
うーん まだ 早いか……
ぱっ
過去
¥
投資というのは お金を支払った ことによって、将来に利益を もたらすものだよっ
ぱあああ〜っ
利益
未来
はァ……ン？
うわー 絶対わかって ないよ……

年金だって広い意味では投資かもしれない……
どういうこと？
今、お金を払って……
年金!!
老後に利益（年金）を受け取るからね
ぱぁぁ
利
今
老後（将来）
おーっ
年金なら、ちゃんと仕組みになっているからもらえそうな気がしますが
他にもそんなノリの投資あるんですか？
うん！
まずはみんなに約束された利益！
日本の制度を確認しよう！
おーっ
NIKU

給料から何が引かれている？

残高――……
1005円
切るかも…
ふぅ…
そもそも無駄遣いしてないのに
なんでお金がないのだろうか……
無駄遣いしてなくても……
びしっ
減る!!
え!!
自覚はなくてもみんなが必ず払っているものがある
税金と社会保険だー!!
必ず払うもの
税金
国や地方自治体に対して、法律のもとで支払わなければいけないお金
社会保険
年金・医療・介護など、公的な保険のために支払わなければいけないお金
税金めぇ税金めぇ！
NIKU

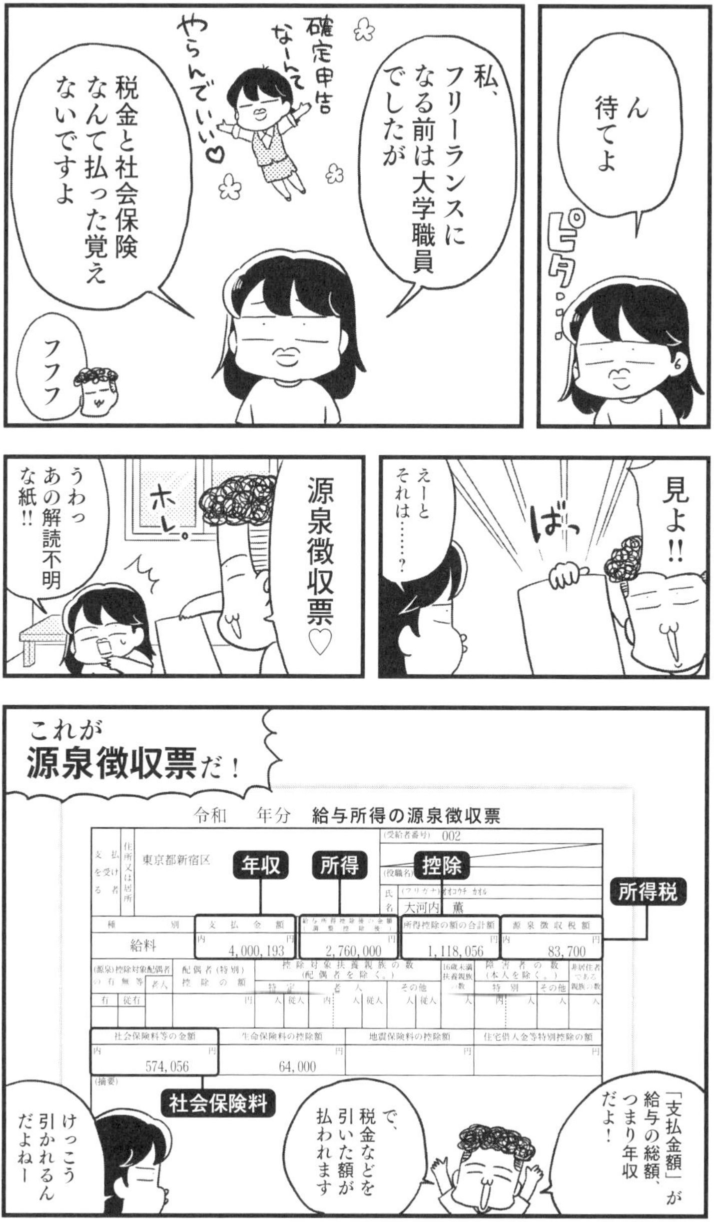
ん 待てよ
ピタ…
私、フリーランスになる前は大学職員でしたが
確定申告なーんてやらんでいい♡
税金と社会保険なんて払った覚えないですよ
フフフ
見よ!!
ばっ
えーとそれは……?
源泉徴収票♡
ホレ。
うわっ あの解読不明な紙!!
これが源泉徴収票だ！
令和　年分　給与所得の源泉徴収票
支払を受ける者　住所又は居所　東京都新宿区
(受給者番号) 002
(役職名)
氏名 (フリガナ) オオコウチ カオル　大河内 薫
種別　給料
支払金額 4,000,193
給与所得控除後の金額(調整控除後) 2,760,000
所得控除の額の合計額 1,118,056
源泉徴収税額 83,700
社会保険料等の金額 574,056
生命保険料の控除額 64,000
地震保険料の控除額
住宅借入金等特別控除の額
(摘要)
年収
所得
控除
所得税
社会保険料
「支払金額」が給与の総額、つまり年収だよ！
で、税金などを引いた額が払われます
けっこう引かれるんだよねー

「源泉徴収」とは
会社が従業員の税金を給料から天引きして
国に支払ってくれるシステム
国
もらいます
¥
税金は払っておいたよ
会社
「源泉徴収票」は
払った内容が
書いてある紙！
ありがとう
給与の総額は
まあまあなのに
手取りは
少ないな……
給料400万で天引き90万くらい?
そうなんだよな！
けっこう取られて
いるんだよな！
そーだよねー
そもそも
なぜ税金を
払っているか
わかる？
えっ！
国民の義務
だから!?
NIKU
答えは、
色々なサービスを
無料or安く受けられる
ようにするため！
KOBAN
交番やゴミ収集
の利用が無料
医療費が
3割負担
主な税金は
こちら！
所得税
1年間稼いだ所得に対して、
国に払う税金
（税率は5～45％）
住民税
自分が住んでいる
都道府県&市区町村に払う税金
（税率は、所得に対して原則
一律10％）
ほーっ
NIKU
ちなみに住民税は
田舎の方が安いと
思われているけど
ほぼ関係なし！
えーーっ

知らぬ間にガンガン税金取られてるんですね……
じゃあ年末調整って聞いたことない？
ちーん
ありますっ
なんか年末にお金が返ってくることです！
よくわからないけど
振込まれてる
違ーう!!
ラッキーだと思い受け取りましょう！
年末調整で返ってくるお金は、あんじゅ先生が払いすぎたお金だよ
けっこう取られている
このお金
1ページ前
えっ!!
じゃあ初めから税金取るなし!!
僕に言われても……
もおおお
会社の給料から“ざっくり”所得税を天引きして毎月国に支払いしていて
ヒィヒィ
労働
はいっ
どもっ
国
その“ざっくり”を正しい数字にすると
だいたい天引きしすぎているから従業員に返している
ふつうにもらいすぎたわ
うっす
住民税は年末調整で会社が所得税を計算
←
所得税が住んでいる地域の役所に伝わってから決まるので、天引きのタイミングに時差があるよ！
＜会社員の給与天引きのスケジュール＞
住民税の天引き
6月～翌年5月の給与から前年分が毎月天引き
4～5月
所得
住民税決定
6 7 8 9 10 11 12
前年
今年
1 2 3 4 5 ……
翌年

会社員が節税する方法

税金を取られていることを知った大学職員の私
しくしく…
フリーランスは節税ってよく聞きますけど、会社員でも方法はないんですか？
経費♪ 経費♪
フリーランス
いーなー
会社員
グッ
もちろんあるよ！
所得税ってどうやって決まるの？
日本に住んで働いているのだから…
所得に税金がかかるんだよっ
ハッハッ
ハッ
所得税は
ひと言で言うと収入から色々なものを引いて
最後に税率をかけて計算します
あ？
所得とは
フリーランスなら
売上－経費＝所得
会社員なら
給与－給与所得控除＝所得
フリーランスは経費だけど……
フーン
給与所得控除って何……？
給与所得控除はフリーランスでいう経費みたいなもの
給与〜!!
ハッハッハッ
詳しく覚える必要はないけれど
給与に応じて自動で計算されるものだよ
給与所得控除かぁ……
覚えられぬ
そしてさらに引いていいのが……
覚えなくていいよ

所得控除
控除が他にもあるのか
所得からすべての控除を引いた課税所得の額で税金が決まる!
ほほう!!
給与所得控除は会社が自動で計算してくれるけど
立場?
所得控除はその人の立場で変わる!
フリーランス
売上－経費－所得控除＝課税所得
会社員
給与－給与所得控除－所得控除＝課税所得
ダブルで引けるのね
そゆことっ
人によって違うよ
リーン
ゴーン
たとえば、配偶者がいると配偶者控除が使える
社会保険料を払っていると社会保険料控除
基礎控除は原則誰でも48万円※引ける!
48万円
いいの?

※収入が多すぎる場合は使えない

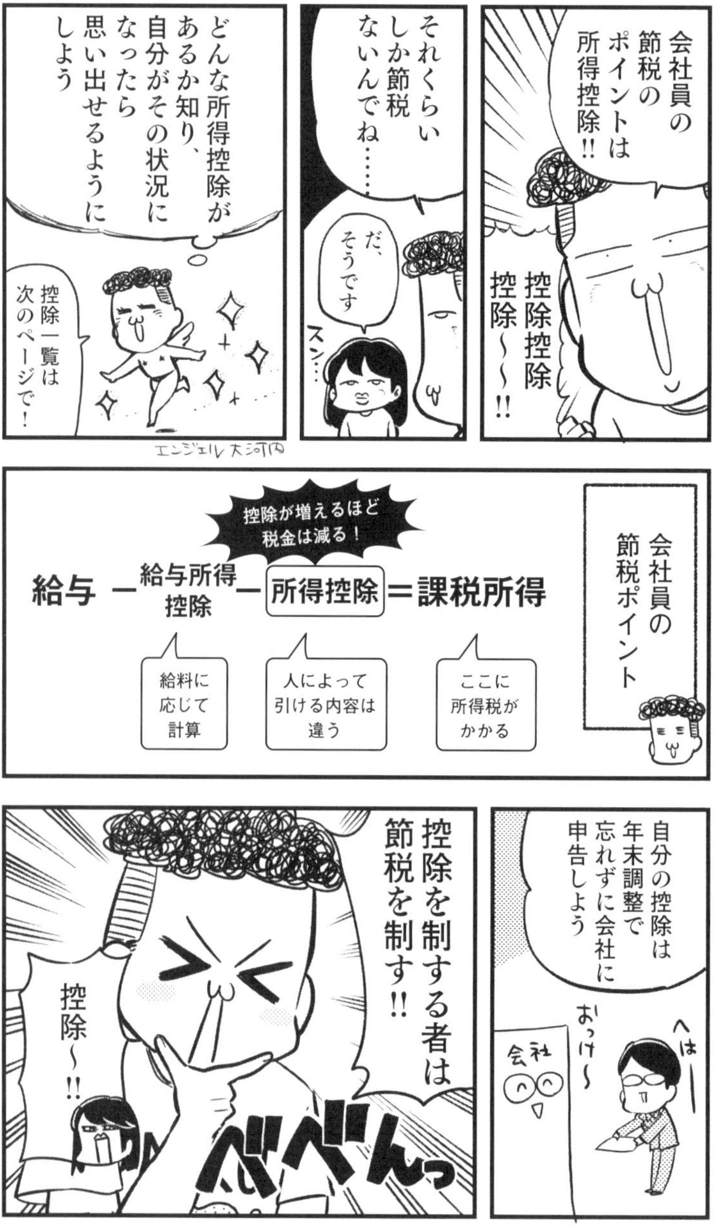

会社員の節税のポイントは所得控除!!
控除控除控除〜〜!!
それくらいしか節税ないんでね……
だ、そうです
スン…
どんな所得控除があるか知り、自分がその状況になったら思い出せるようにしよう
控除一覧は次のページで!
エンジェル大河内
会社員の節税ポイント
控除が増えるほど税金は減る!
給与 − 給与所得控除 − 所得控除 ＝課税所得
給料に応じて計算
人によって引ける内容は違う
ここに所得税がかかる
自分の控除は年末調整で忘れずに会社に申告しよう
へはー
おっけ〜
会社
控除を制する者は節税を制す!!
控除〜!!
ばべんっ

＜所得控除一覧＞

★会社員は年末調整すればOK
☆会社員でも確定申告が必要

	名前	主な条件	控除額
人に関する控除	基礎控除	全員適用（収入が多いと減る）	0～48万円
	扶養控除★	年間の所得が48万円以下で16歳以上の扶養家族がいる場合（配偶者以外）	38万～63万円（扶養親族の年齢による）
	配偶者控除★	年間の所得が48万円以下の配偶者がいる場合	13万～38万円（配偶者が70歳以上の場合は16万～48万円）（控除を受ける本人の所得による）
	配偶者特別控除★	年間の所得が48万円超～133万円以下の配偶者がいる場合	1万～38万円（控除を受ける本人の所得による）
	障害者控除★	本人、配偶者、または扶養親族に障害がある場合	27万～75万円（障害の程度による）
	勤労学生控除	本人が特定の学校の学生で、勤労による所得がある場合（所得要件あり）	27万円
	寡婦（夫）控除★	配偶者との離婚後に婚姻をしていない場合	27万～35万円（所得などの状況による）
生活などに関する控除	社会保険料控除★	社会保険料（国民健康保険や国民年金）を支払った場合※	その年に支払った金額
	生命保険料控除★	生命保険料などを支払った場合※	上限12万円
	地震保険料控除★	地震保険料などを支払った場合	上限5万円
	小規模企業共済等掛金控除★	iDeCoなどの掛金を支払った場合	その年に支払った金額
	医療費控除☆	医療費を支払った場合※	その年に支払った医療費のうち10万円を超えた部分（上限200万円）
	寄附金控除☆	特定の寄付をした場合や、ふるさと納税をした場合	2000円を超えた金額、その他一定の金額
	雑損控除☆	災害や盗難などによって、損害を受けた場合	その資産の損害金額による

※配偶者や親族の分の支払いも含む

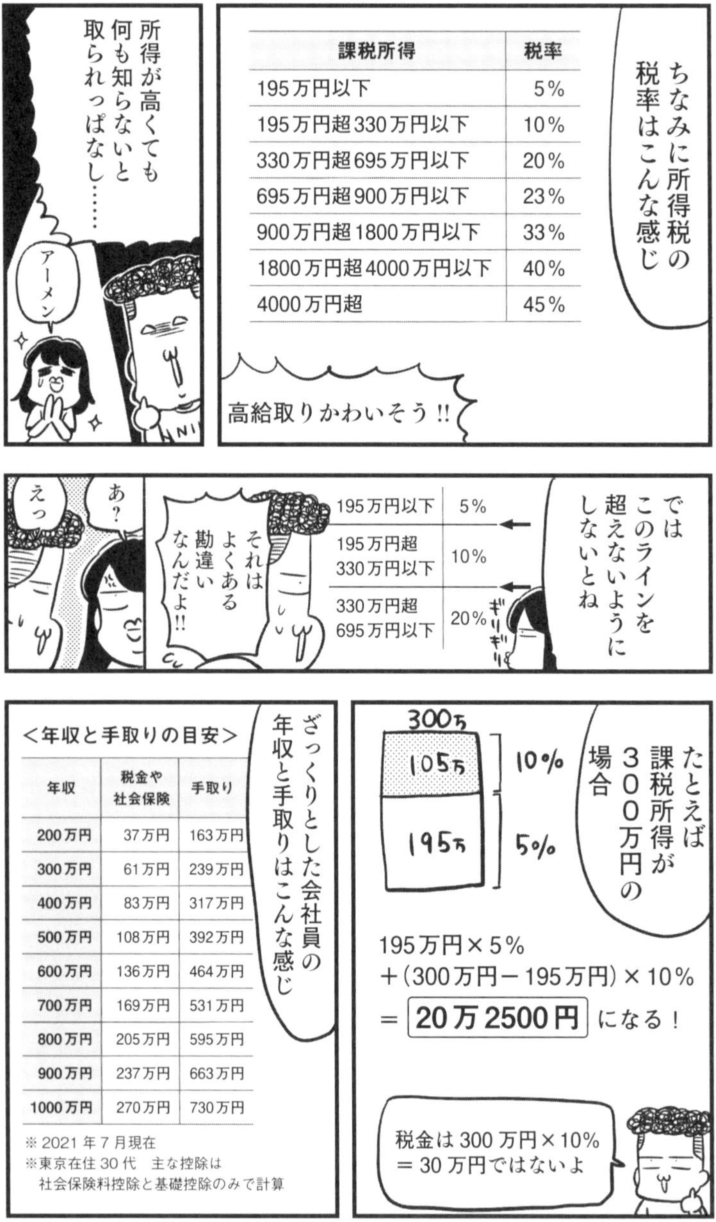

ちなみに所得税の税率はこんな感じ

課税所得	税率
195万円以下	5%
195万円超330万円以下	10%
330万円超695万円以下	20%
695万円超900万円以下	23%
900万円超1800万円以下	33%
1800万円超4000万円以下	40%
4000万円超	45%

高給取りかわいそう!!
所得が高くても何も知らないと取られっぱなし……
アーメン
ではこのラインを超えないようにしないとね

195万円以下	5%
195万円超330万円以下	10%
330万円超695万円以下	20%

ギリギリ
それはよくある勘違いなんだよ!!
あ?
えっ
たとえば課税所得が300万円の場合
300万
105万
10%
195万
5%

195万円×5%
＋(300万円－195万円)×10%
＝ **20万2500円** になる!

税金は300万円×10%
＝30万円ではないよ
ざっくりとした会社員の年収と手取りはこんな感じ

<年収と手取りの目安>

年収	税金や社会保険	手取り
200万円	37万円	163万円
300万円	61万円	239万円
400万円	83万円	317万円
500万円	108万円	392万円
600万円	136万円	464万円
700万円	169万円	531万円
800万円	205万円	595万円
900万円	237万円	663万円
1000万円	270万円	730万円

※2021年7月現在
※東京在住30代　主な控除は社会保険料控除と基礎控除のみで計算

あとね
あとね
まだあるんかいっ
NIKU
会社がやってくれていても
控除が漏れている
ことがあるよ！
んなーーー!?
そのためにも
源泉徴収票は
しっかり見ないとね
じっ。。。
へーい
けっきょく任せっきり
じゃだめなのか〜
その場合
どうすれば
いいんですかっ
確定申告♡
う!!
NIKU
年末調整で、
控除を伝え忘れたり
控除が
漏れていたり
したら
ヨメ
自分で手続きする
つまり 確定申告
会社に属さない
フリーランスも
当然確定申告に
なるよ！
それがさらなる
節税を生む
ことになる！
キュピーン

ふるさと納税どうやるの？

わかりましたか？節税のコツは控除ですよ
ぱっ
条件に合わないみなさん残念でしたね…
私も当時、条件に合っていなかったです……
iDeCoとかもあるんだけど話すのはまだ早いかな……
くわしくは5章で…
税金を払っていれば誰でもできるお得な制度もある！
それがふるさと納税
出た～
やってみたいけどめんどくさいことNo.1
やってよ……
ふるさと納税とは
本来、自分が住む地方自治体に払う税金の一部を
ドーモドーモ
ハイ
自分が応援したい地方自治体に払える（寄付できる）仕組み。自治体によっては寄附金の使用用途も選べる！
推しの自治体しか勝たん♡
ふるさと納税で日用品をもらえば節約できちゃう

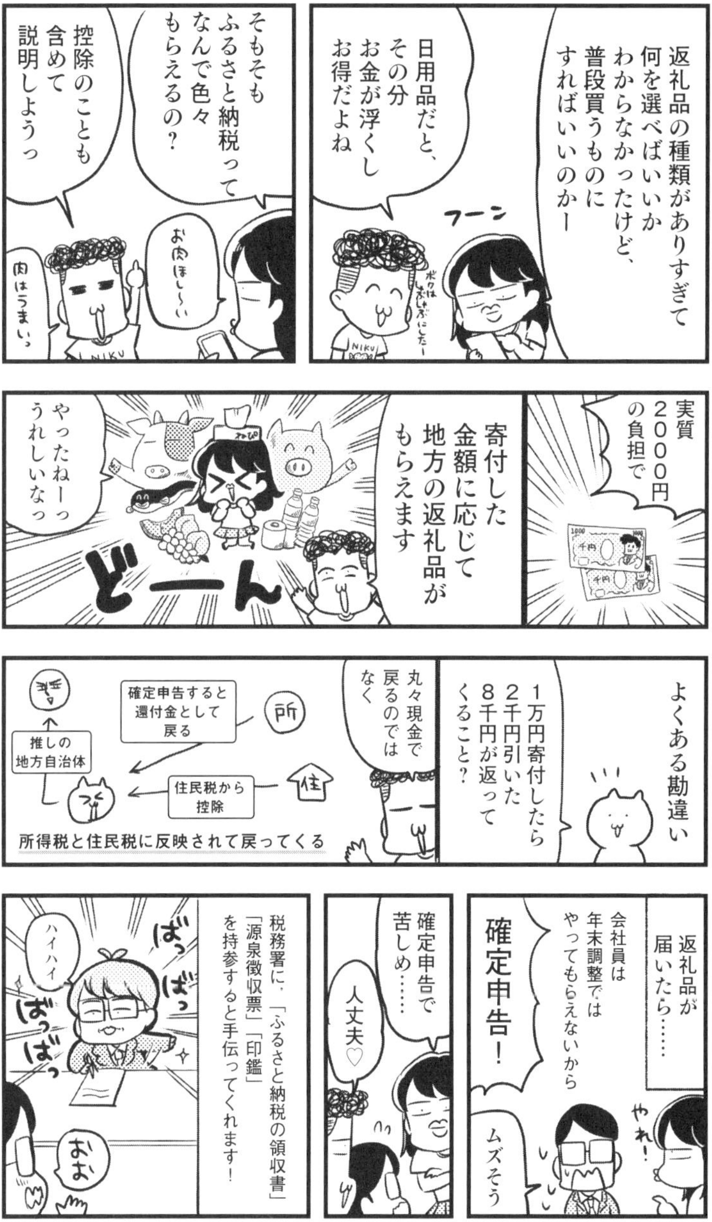
返礼品の種類がありすぎて何を選べばいいかわからなかったけど、普段買うものにすればいいのかー
フーン
日用品だと、その分お金が浮くしお得だよね
ボクはしゃぶしゃぶにしたー
NIKU
そもそもふるさと納税ってなんで色々もらえるの？
控除のことも含めて説明しようっ
お肉ほし〜い
肉はうまいっ
NIKU
実質2000円の負担で
寄付した金額に応じて地方の返礼品がもらえます
やったねーっうれしいなっ
どーん
よくある勘違い
1万円寄付したら2千円引いた8千円が返ってくること？
丸々現金で戻るのではなく
所
確定申告すると還付金として戻る
推しの地方自治体
住
住民税から控除
所得税と住民税に反映されて戻ってくる
返礼品が届いたら……
会社員は年末調整ではやってもらえないから
確定申告！
やれ！
ムズそう
確定申告で苦しめ……
大丈夫♡
税務署に、「ふるさと納税の領収書」「源泉徴収票」「印鑑」を持参すると手伝ってくれます！
ハイハイ
ぱっぱっ
ぱっぱっ
おお

＜ふるさと納税の流れ＞

①自分の納税上限額を調べる

納税できる上限額があり、その金額は年収や家族構成によって違う。
サイトのシミュレーションで自分の上限額を調べられるよ。
（上限額より多く寄付すると損なので注意！）

②上限額の中から好きな品を選び、申し込む

ふるさと納税の寄付を受け付けているサイトから申し込めるよ。
サイトはいくつかあるので、使いやすいもので OK。
「楽天ふるさと納税」と「ふるさとチョイス」がおすすめ。

③自治体から「お礼の品」と「寄附金受領書」が届く

④翌年の3月15日までに確定申告で「寄附金控除」を申告※

※確定申告では、自治体ごとの受領書ではなく、国税庁指定のふるさと納税サイトから
発行される証明書で OK になった（令和３年〜）

<上限額が3万円だった場合>

ふるさと納税で払った額

3万円

↓

2000円	2万8000円
実際の負担	所得税の還付と住民税の控除で戻ってくる

払うのは実質2000円分だけ！

もし3万円以上寄付すると…？

2000円	2万8000円	3万円を超えた分
負担	戻ってくる	ここから先は自己負担

払いすぎるのは損！

ちなみに
ふるさと納税をスマホで
電子申告したい方は
税理士大河内と
東京国税局とのコラボ動画でも
確認できます！
ズコッ
宣伝かいっ

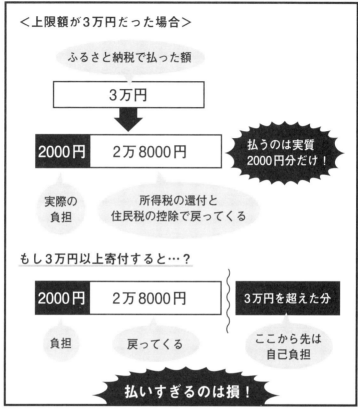

社会保険の基本
大河内さん 高年収なんだから 高い肉もらってよ
ふるハラ ふるさと納税 ハラスメント
うーん じゃあ何欲しいの？
牛肉!!
税金を勝手に取られるのは悲しいけど、ふるさと納税とか知っていればお得になるのはいいですねー
じゃあ次は社会保険ね！
え!?
だいたいの人は税金よりも
社会保険料の方が高い!!
社
えーー！
払いたくない!! 社会保険料なんて払いたくない!!
このまま払わなくていい方法を教えてください!!
ギャースカピー
またまた〜 ちゃんと払ってんじゃん
え……
何もわからないので国に言われるがまま、払ってる人…
っていうか社会保険って何？
どてっ

社会保険とは病気や老後のために国が用意してくれている保障だよ！
主にこの４つ！
ほー
①医療保険
医療費の負担が３割※に。その他に、高額療養費制度や出産一時金など。（会社員は健康保険、フリーランスは国民健康保険）
②年金保険
いわゆる、老後にもらえる年金。その他に、障害認定を受けて働けなくなった場合や、自分が死亡した場合にも、各種年金がもらえる。
③介護保険
介護が必要になった時に、サービス料の負担が原則１割負担に。保険料の支払いは40歳から。
④労働保険
雇用保険
失業、育児、介護などでの休職中や教育訓練に給付金が出る。
労災保険
仕事中などに病気やケガをした時に給付金が出る。
どう？すごいでしょ!?
ウキウキしちゃうでしょ？
寝ないでよ!!
いや、あんま今関係ないかなって
あるよぉ!!

※75歳からは原則１割

あんじゅ先生も脱サラした時、失業手当とか教育訓練給付とかでお世話になったでしょおお!?
めくるめく社会保険…
実は私フォトショとイラレは職業訓練校で学んでいます。
失業手当てウマイ!
あの時のお金って…まさかまたアレですか?
うん多分
ここで一句…
知らぬ間に給与天引き払ってた
ちなみにフリーランスに労働保険はありません!
だから当然、失業手当もないし業務中にケガしても給付金はありません!
ぐぬぬ
労働保険だけじゃなくて、医療保険も年金もフリーランスは不利だね
再就職しようかな…
まぁ、会社員の方が払っている保険料が高いからね
割りには合ってる…
公的保険はフリーランスに不利! ということを覚えておこう!
次は僕たちをしっかりと守ってくれる医療保険と年金を詳しく見ていこ~
ヘイ
ウェーイ!

ここがすごいよ医療保険
医療保険ってスゴいのよ奥さま！
マア！何がすごいわけ？奥さま！
健康保険や国民健康保険は医療費の自己負担が3割になる……
医療費
ここだけ払う分→
3割
だけじゃない!!
ここがすごいよ
医療保険!!
高額療養費制度
1ヶ月の医療費のうち限度額を超えた分は…
限度
はぁ
うぇーーーい
お金が戻ってくる制度
フーン？
たとえば
あんじゅ先生が病気になって100万円の医療費を払ったとする……
ガビン
貯金ゼロになるじゃん!!

でもこの制度を使えば90万円以上戻ってくるのです！
へいっ
なんで!?

すごいからすごいのです！
す、すごーい！
医療保険はすごい！

＜高額療養費制度の自己負担限度額＞

70歳未満の区分

所得区分	自己負担限度額
① 区分ア（標準報酬月額83万円以上／報酬月額81万円以上）	252,600円＋（総医療費※－842,000円）×1％
② 区分イ（標準報酬月額53万～79万円／報酬月額51万5千円以上～81万円未満）	167,400円＋（総医療費※－558,000円）×1％
③ 区分ウ（標準報酬月額28万～50万円／報酬月額27万円以上～51万5千円未満）	80,100円＋（総医療費※－267,000円）×1％
④ 区分エ（標準報酬月額26万円以下／報酬月額27万円未満）	57,600円
⑤ 区分オ（低所得者）（被保険者が市区町村民税の非課税者等）	35,400円

（全国健康保険協会HP「高額な医療費を支払った時」より）

※高額療養費の対象にならない事例
（入院中の食事代や日用品代／差額ベッド代／先進医療費など）

自己負担限度額は年齢や収入によって決まります！
平均的な年収の場合、上限は8～9万円の場合がほとんど！

表をいちいち見るのはめんどうですね
わかりづらー
うーん だったら……
あんじゅ先生が医療費を100万円払いました
ザッ
うーん
この時、年収によって医療費の限度額は変わります
年収1000万円なら
約25万円!
ザッ
年収800万円なら
約17万円!
ザッ
年収500万円なら
約9万円!
ザッ
……の医療費だけでOK!!
手続きすれば戻ってきます
こ、これはフリーランスも使える制度なんですよね?
きゃっ♡
きゃっ♡
もちろん♡
大河内のおすすめ
たくさん医療費を払ったら、厚生労働省のホームページで確認して手続き!
or 電話での問い合わせ 03-5253-1111
原則は先にかかる医療費を全部払ってから払い戻し請求をするんだけど、
メモメモ
あらかじめ認定を受けておけば最初から限度額しか払わなくていいよ!

自覚せずに払っていた医療保険……すごいですね！
やるじゃん！
そうそう
まだまだあるよ！
ここがすごいよ
医療保険２!!
出産育児一時金
40～42万円が給付される。平均的な出産費用は約50万円なので、一時金があれば安心！
傷病手当金（会社員のみ）
業務外の病気やケガで働けない時などに、給料の約３分の２がもらえる。※
出産手当金（会社員のみ）
産前42日＋産後56日まで、給料の約３分の２がもらえる。
会社

※休んだ期間のうち最初の３日を除いて４日目から

フリーランスはもらえないものもありますね……
フリーランスマンガ家→
フリーランスは国民健康保険なので会社員に比べると保障は少なめだね
体調管理には気をつけないとね
私はウィンタースポーツ（スノボとか）やめました…
骨折こわい

＜健康保険と国民健康保険の違い＞

	高額療養費制度	出産育児一時金	傷病手当金	出産手当金
健康保険（会社員）	あり	あり	あり	あり
国民健康保険（フリーランスなど）	あり	あり	なし	なし

で、これらはどこで手続きすればいいの？
会社員なら保険証に記載されている健康保険協会の連絡先に！
フリーランスなら住んでいる地域の役所に相談してみよう
ズビシッ！

医療保険もすごいんだけど年金もすごいのよ～奥さんっ
ウフ
ええっ年金もなの奥さん！

どーせ老後にちょびっと入るくらいでしょ？
違うのよォさあ次ページで伝えるわよ～っ
ホホホ…

ここがすごいよ年金保険

こっちもすごいよ 年金保険!!!!

年金は
老後にもらえるお金のイメージが強いけど……
うれしみじゃ〜
突然、障害認定を受けて働けなくなった時や、
突然、一家の大黒柱が亡くなった時にも保障をしてくれるよ!
ちーん
ほえーーっ

＜加入している年金の違い＞

	自営業・フリーランス（第1号被保険者）	会社員・公務員（第2号被保険者）	扶養されている配偶者（第3号被保険者）
2階		**厚生年金** （老齢厚生年金／遺族厚生年金／障害厚生年金）	
1階	**国民年金** （老齢基礎年金／遺族基礎年金／障害基礎年金）	**国民年金** （老齢基礎年金／遺族基礎年金／障害基礎年金）	**国民年金** （老齢基礎年金／遺族基礎年金／障害基礎年金）

こんな感じです

- **老齢年金**
  65歳からもらえる（いわゆるみんながイメージする年金）
- **遺族年金**
  死亡した人に扶養されていた配偶者や子供がもらえる
- **障害年金**
  障害認定された時からもらえる

漢字ばっかりだなー

年金は老後だけじゃなくて障害で働けなくなった時や死亡時にも受け取れる
フリーランスよりも会社員の方が保障は手厚い
HAHA HA…
ちっ
扶養されている人にも適用される
イエーイ
もらえる〜
ちなみに！フリーランスの扶養の場合は扶養される人も年金を払わないといけない
むしろ会社員の扶養は払わずにもらえるってことか……
会社員とフリーランスの差よ…
で、フリーランスの私は実際いくら年金がもらえるの？
んっ
こちら下の表をご覧くださいっ

＜年金の受給額目安＞

	フリーランス	会社員	扶養されている人
厚生年金（2階）※1	なし	月9万円	なし
国民年金（1階）※2	月6.5万円	月6.5万円	月6.5万円

2021年の平均額　日本年金機構の資料より

※1 厚生年金加入の40年間で、平均月給43.9万円の場合、国民年金と厚生年金を合わせて月15.5万円が受け取れる

※2 40年間支払えば、満額の月6.5万円が受け取れる

私は満額で月6万5000円しかもらえないのかー
それを知るのも大切♡

「年金は少ししかもらえない」なんて言われるけど、国民年金は満額支払えば老後10年間受け取るだけで元が取れるよー
¥
平均寿命まで生きられたらかなりの儲けになります!!
儲け!?♡
カネッ
NIKO
しかも年金は制度を使って上乗せできる!!※
上乗せ!?
イエアーーッ
年金は自分で3階を作る方法があるんだー!!!!
HAHAHA
3階
2階
1階
なるほど!!
よくわからん!!
あとで説明するから今は「へ～増やせるんだ～」くらいでいいよ
あ、そうですか
いいんかい

	フリーランス	会社員
3階 自分で作る	？？？	？？？
2.5階※ 制度で上乗せ	付加年金 or 国民年金基金	確定給付金 or 企業型確定拠出年金
2階	なし	厚生年金
1階	国民年金	国民年金

※詳しくは３章コラムへ！

＜遺族年金の受給額目安＞

もらえる人：
年金の滞納がなければ基本もらえます。

夫が死亡した場合		夫が会社員・公務員			夫が自営業者
		年金加入中の標準報酬月額の平均 ※2			
		20万円	30万円	40万円	
子供※1のいる妻が受け取る遺族年金	子供が1人の期間	月額 10.7万円	月額 11.7万円	月額 12.7万円	月額 8.4万円
	子供が2人の期間	月額 12.6万円	月額 13.6万円	月額 14.6万円	月額 10.3万円
	子供が3人の期間	月額 13.2万円	月額 14.2万円	月額 15.2万円	月額 10.9万円
子供※1のいない妻が受け取る遺族年金	妻が40歳未満まで	月額 2.3万円	月額 3.3万円	月額 4.4万円	なし
	妻が40～64歳まで	月額 7.2万円	月額 8.2万円	月額 9.2万円	なし
	妻が65歳以降	※3	※3	※3	なし

※1 遺族年金の計算での「子供」とは、18歳の年度末までの子供を人数に加える。
　また20歳未満で1級or 2級の障害状態の子供も加える
※2 加入期間中の4～6月の給料の平均
※3 老齢年金を受給している場合は遺族年金を上乗せ（特殊計算）
※ ボーナスが毎年30万円支給されたものとして計算
※ 2021年の日本年金機構の資料をもとに計算

＜障害年金の受給額目安＞

もらえる人：
ざっくりと説明するなら、障害を負って1年6ヶ月経っても働けない人。※
（もちろん年金を納めている人）

※うつ病、がん、糖尿病などが含まれる場合があるので必ず確認！

もらえる金額：
フリーランスや個人事業主は障害基礎年金のみ。会社員や公務員は、
下の表の障害基礎年金と障害厚生年金を合算しよう！

障害基礎年金（国民年金 or 厚生年金加入者）	子供※1がいない	子供※1が1人	子供※1が2人
1級	月額 8.1万円	月額 10万円	月額 11.9万円
2級	月額 6.5万円	月額 8.4万円	月額 10.3万円
3級	なし		

障害厚生年金（厚生年金加入者）		年金加入中の標準報酬月額の平均 ※2		
		20万円	30万円	40万円
1級	配偶者※3なし	月額 3.9万円	月額 5.6万円	月額 7.3万円
	配偶者※3あり	月額 5.7万円	月額 7.4万円	月額 9.2万円
2級	配偶者※3なし	月額 3.1万円	月額 4.5万円	月額 5.8万円
	配偶者※3あり	月額 5.0万円	月額 6.3万円	月額 7.7万円
3級	配偶者※3なし	月額 4.9万円	月額 4.9万円	月額 5.8万円
	配偶者※3あり			

※1 障害年金の計算での「子供」とは、18歳の年度末までの子供を人数に加える。
また20歳未満で1級 or 2級の障害状態の子供も加える
※2 加入期間中の4～6月の給料の平均
※3 配偶者は65歳未満に限る
※ ボーナスが毎年30万円支給されたものとして計算
※ 2021年の日本年金機構の資料をもとに計算

補足 遺族年金と障害年金の計算方法

前ページでは目安がざっくりとわかる早見表を紹介したけど、計算過程も記載しておくよ。ちなみに計算式は覚えなくてOK。僕も見ながらじゃないと、計算できないからね（笑）。
計算結果と75～76ページの早見表が一致していることも確認してみてね！※

※2021年7月現在

遺族年金

遺族年金にも1階と2階があって、フリーランスや個人事業主は1階部分の遺族基礎年金しかもらえない。しかも遺族基礎年金は子供がいない場合はもらえないんだ。
2階部分の遺族厚生年金は会社員・公務員が1階に上乗せしてもらえるもの。こちらは子供がいなくても大丈夫！

①遺族基礎年金（年額） （子供がいないともらえない）

780,900円 ＋ 加算額

加算額：子供が1人なら224,700円、2人なら449,400円、3人なら524,300円
以降1人増えるたびに、74,900円増える

②遺族厚生年金（年額）

平均標準報酬額 × 0.005481 × 加入月数 × 0.75

平均標準報酬額：標準報酬月額（4～6月の平均給料）にボーナスを加味した金額

加入月数：25年未満の場合はすべて25年（＝300ヶ月）とみなして計算

例 18歳未満の子供が2人いる会社員の夫が亡くなった時に、妻が受け取る遺族年金
・会社員の夫は22歳で年金に加入後、35歳で亡くなった
・加入期間中の給料の平均が月額30万円、ボーナスが毎年30万円

①遺族基礎年金
780,900円＋449,400円＝1,230,300円 → 月額10.3万円
（75ページの早見表と一致）

②**遺族厚生年金**

325,000円×0.005481×300×0.75＝400,798円 → 月額3.3万円

※標準報酬月額の平均が30万円で、ボーナスが毎年30万円なので、
ボーナスを含めた月額の平均は32.5万円。[（30万円×12ヶ月+30万円）/12ヶ月]
※加入期間13年のため25年とみなす。よって300ヶ月

①＋②＝月額13.6万円（75ページの早見表と一致）

※遺族年金を子供が受け取る場合は算出方法が変わります（上記より減ります）

障害年金

上記の遺族年金と、障害年金はすごく似ている。1階と2階があること、フリーランスや個人事業主は1階部分しかもらえないこと、会社員・公務員は2階までもらえる…などなど、老齢年金も含めてその構成はすべて同じ！　計算式も遺族年金に似ているよ。もちろん、僕が計算式を覚えていないところまで同じ！（笑）

---

①障害基礎年金（年額）

基礎年金額 ＋ **加算額**

基礎年金額：障害1級が976,125円で、障害2級が780,900円

加算額：子供が1人なら224,700円、2人なら449,400円、3人なら524,300円
以降1人増えるたびに、74,900円増える

②障害厚生年金（年額）

平均標準報酬額 × 0.005481 × **加入月数** ＋ **配偶者加算**

平均標準報酬額：標準報酬月額（4〜6月の平均給料）にボーナスを加味した金額。
障害1級の場合はさらに1.25倍して計算する

加入月数：25年未満の場合はすべて25年（＝300ヶ月）とみなして計算

配偶者加算：障害1級・2級になった人に生計を維持される配偶者がいる場合に加算。224,700円の加算

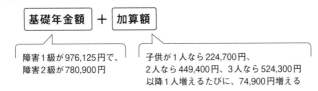

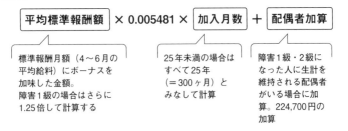

例 18歳未満の子供が2人いる会社員の夫が障害1級の認定を受けた時に、妻が受け取る障害年金
・会社員の夫は22歳で年金に加入後、35歳で障害認定を受けた
・加入期間中の給料の平均が月額30万円、ボーナスが毎年30万円

①障害基礎年金
976,125円＋449,400円＝1,425,525円 → 月額11.9万円
（76ページの早見表と一致）

②障害厚生年金
325,000円×1.25×0.005481×300＋224,700円＝892,696円
→ 月額7.4万円（76ページの早見表と一致）

※標準報酬月額の平均が 30 万円で、ボーナスが毎年 30 万円なので、
ボーナスを含めた月額の平均は 32.5 万円。［（30 万円× 12 ヶ月 +30 万円）/12 ヶ月］
※障害 1 級のため平均標準報酬額を 1.25 倍する
※加入期間 13 年のため 25 年とみなす。よって 300 ヶ月

①＋②＝月額19.3万円

まとめ

それぞれをひと言で言うなら
「遺族年金」は、死亡したら遺族がもらえるお金
「障害年金」は、障害認定を受けたら家族がもらえるお金

自分が早見表のどの部分に該当するかをしっかり確認して、もしもの時にもらえる金額をざっくりと把握してから、民間保険を検討しよう！
特に、1階部分しかもらえないフリーランスや個人事業主は要検討だよ！
（おすすめの民間保険は、2章コラムへ！）

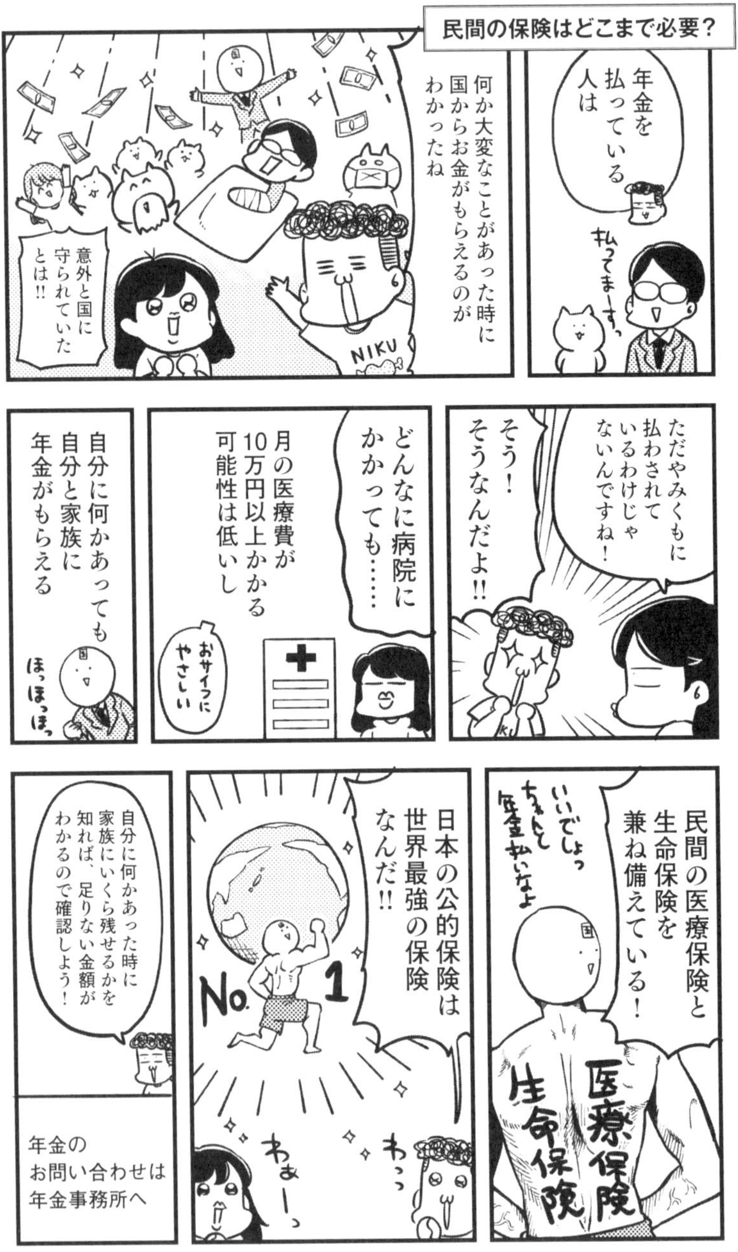
民間の保険はどこまで必要？
年金を払っている人は
払ってまーすっ
何か大変なことがあった時に国からお金がもらえるのがわかったね
意外と国に守られていたとは!!
NIKU
ただやみくもに払わされているわけじゃないんですね！
そう！そうなんだよ!!
どんなに病院にかかっても……
月の医療費が10万円以上かかる可能性は低いし
おサイフにやさしい
自分に何かあっても自分と家族に年金がもらえる
ほっほっほっ
民間の医療保険と生命保険を兼ね備えている！
いいでしょっ ちゃんと年金払いなよ
医療保険
生命保険
日本の公的保険は世界最強の保険なんだ!!
No.1
わぁーっ
わっっ
自分に何かあった時に家族にいくら残せるかを知れば、足りない金額がわかるので確認しよう！
年金のお問い合わせは年金事務所へ

ところで、あんじゅ先生は民間の保険って入っているの？
入ってません
そんな金ありません!!
キリッ
それはある意味で正解かもしれませんね……
え？なんで？
日本の保険＝公的保険は最強の保険！
医療
生命
キラーン
ほとんどの人は民間の保険に入りすぎなんだよねっ
なんたら保険
かんたら保険
ペしペし
ほーーん
公的保険を知ってから見直すと大きな節約になる!!
保険を見直すと、大きな節約になる!!
大切なことだから2回言ったよっ
わかったよ…
保険って営業マンにゴリゴリ押し切られて入るイメージあるなぁ……
あとは親に言われたりとか知り合いの紹介とか…
で、民間の保険反対派なんだね？
ぐぬっ

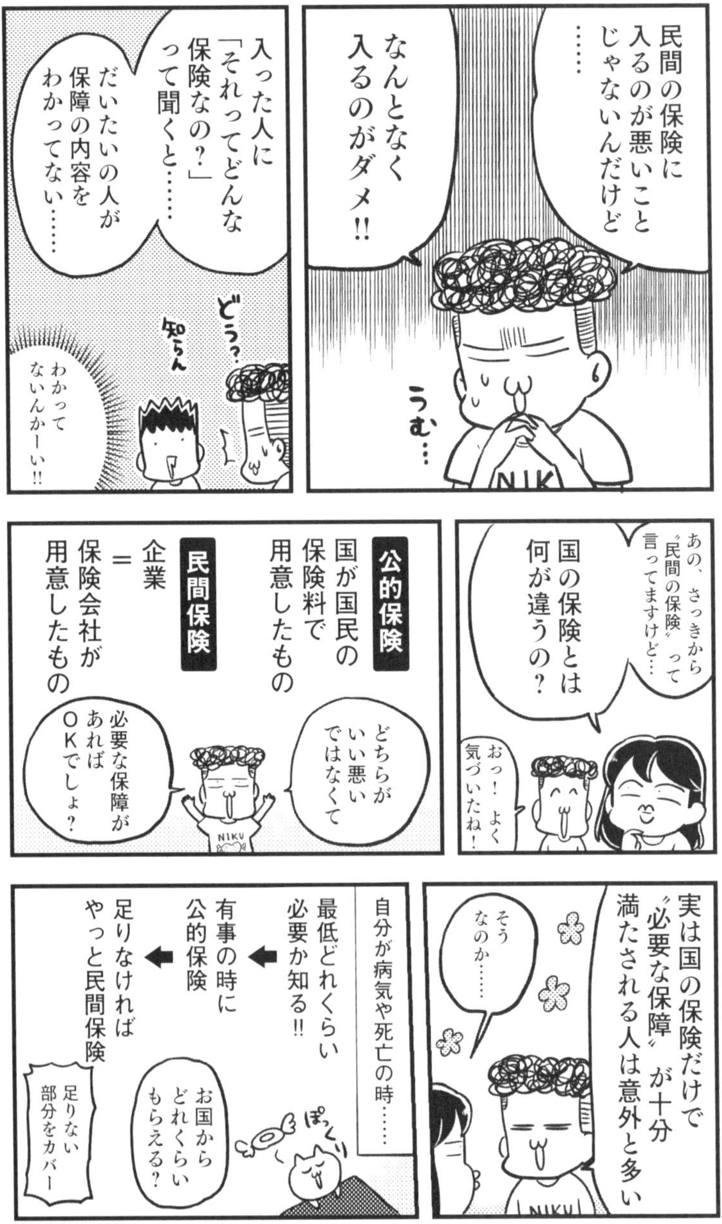
民間の保険に入るのが悪いことじゃないんだけど……
なんとなく入るのがダメ!!
うむ…
入った人に「それってどんな保険なの?」って聞くと……
だいたいの人が保障の内容をわかってない……
どう?
知らん
わかってないんかーい!!
あの、さっきから〝民間の保険〟って言ってますけど…
国の保険とは何が違うの?
おっ! よく気づいたね!
公的保険
国が国民の保険料で用意したもの
民間保険
企業=保険会社が用意したもの
どちらがいい悪いではなくて
必要な保障があればOKでしょ?
実は国の保険だけで〝必要な保障〟が十分満たされる人は意外と多い
そうなのか……
自分が病気や死亡の時……
最低どれくらい必要か知る!!
有事の時に公的保険
足りなければやっと民間保険
お国からどれくらいもらえる?
足りない部分をカバー
ぽっくり

毎月1万円だった保険料が……
5千円になったらすごいでしょ⁉
年間で6万円も手元にお金が増える!!
ぽあああっ
6万円でかい!!
節約したお金なら投資に回す気にもなるでしょ⁉
あー……
まだ投資する気にはならんな……
ウキウキ
フーン
国のだろうが民間だろうが……
入院したら○○円とか……
死亡したら○○円とか……
ぽくぽく
ちーーん
何か起こった時にいくらもらえるか把握しないと何も比較できないよね

Aさんの場合

- 独身
- 貯金100万円
- 年収400万円

- 病気になった場合、高額療養費制度で医療費は毎月最大8～9万円
- 日本人の平均入院日数は50日ほど
  (厚生労働省患者調査より)
- 貯金が100万円あれば医療費は問題なし
- 独身なので、死亡時に子供の養育費は不要
- 養っていた親にお金を残すなら遺族年金がある
  (子供や配偶者に残す遺族年金より受け取るための条件が厳しいので掛け捨ての生命保険を検討)

結論

民間保険は必要なし!?

Bさんの場合

- 共働き夫婦
- 子供1人(8歳)
- 貯金300万円
- 年収500万円と300万円
- マイホームあり

- 病気になった場合、高額療養費制度で医療費は毎月最大8～9万円
- 貯金が300万円あれば医療費は問題なし

＜一家の大黒柱が死亡した場合＞

- 年収300万円、月々の手取りは20万円ほどに
- 団体信用保険で住宅ローンは払わなくてOKになる
- 遺族年金は、子供が18歳になるまで毎月8.4万円～12.7万円もらえる(生前の働き方による)
- ↑で生活費がおさまらない場合、民間の生命保険を検討
- 持ち家ではない場合は、民間の生命保険が必須

結論

一家の大黒柱が死亡した場合に適用される公的年金や団体信用保険を確認し、必要な生活費を予測して、民間保険を検討

たしかにわかった……
でも国の保険は病気になった時とか死亡した時の保障じゃん……？
フフフ…
母
2000万問題…
今のしかかっている老後2000万円問題を解決するために……
ぼや〜っ
この貯蓄型保険はいかがでしょー!?
一石二鳥みたいなの見つけたよっ!!
保障も貯金もほけん
貯蓄型保険とは、期間中は死亡保障がついて期間が終わると満期保険金が受け取れる
貯蓄型のメリットってなんだと思う？
えーと…
保険と貯金が一緒になってラクチン!!
どっちもできる♡
ラクチン最高っ
じゃあ……貯金のデメリットって何……？
キリ…

貯金のデメリット……!?
インフレのリスク……!
しかも本来は貯金と保険は別モノなんだよ
それを合体しているってことは……
ゴゴ
ゴゴ
誰かが合体させている……
ドゥン
民間の保険の人……?

正解！ そして、貯金と保険を合体させている人はそれが仕事なの
その人に給料を払うでしょ？
その分は稼がないと保険会社も困っちゃう……ってことは…？
貯蓄型保険は高いってこと？
トンデモ保険
貯金も保険もやりましょー！
ひとつの保険でダブルで安心ですヨ
オホホホ
貯
保
ピンポーン この手の貯蓄型保険は保障の割に保険料が高い！
ヒィイ
はじめての民間保険は貯蓄型保険にしませんか!?
やめときます!!
ピューーッ
貯金も保険も大切だけど別々にやればよし！
押忍!!
キリッ

ただただ貯金する最大のメリットは……
ほほう!
じりじり
いつでも必要な時に引き出せる!!
当たり前じゃん!!
しかし、貯蓄型保険は引き出し＝解約だから……
保障はなくなる……!
しかも高い手数料を取られて戻ってくる
ナンテコッタイ……
保険会社の儲けってなんだと思う?
みんなの保険料?
イエーイ
そう!保険料!
でも何かが起こった時は保障しなければならない……
保障しますよ…
ゴゴゴ
ってことはもらう保険料より支払う保障が少ないと儲けにならない
なにィ!!
少ッ
保障料
保険料
スッ

たとえば
月1,840円の保険加入者が100人だと
わーい
わーい
合計184,000円／月
でも保障は1000万円だったら…
4年以内に誰かが亡くなると保険会社が損をする…！
つらいっ
でも、私たちはお客さまの安心が何よりも大切……
ばっ
……とか言いつつ確率が低いものしか保障していない
保険として成り立たないしね…
……
この例だと1000万円受け取る1人のために100人が保険料を払っています
え！
宝くじなら99％の人が負け……
ピュー
ガーン
保険は負けがほぼ確実な宝くじ！ほとんどの人が何も起こらないから……
民間の保険は起こる確率は低いけど万が一起こったら大損になるものを、少額のお金でカバーするために使うんだ！
おーっ

大河内先生のやさしいお金講座②

会社員が確定申告する時って？

フリーランスの方には馴染みがある確定申告ですが、会社員の方は自分でする機会はあまりないかと思います。そのため、ハードルが高いと感じている人が多いですが、実際は大したことはありません(フリーランスや副業をしている方の確定申告はハードですから頑張りましょう)。

確定申告が必要な控除

会社員が控除の確定申告をするパターンは、

- **医療費控除**
- **寄附金控除（ふるさと納税）**
- **雑損控除**
- **年末調整で控除をし忘れた場合**
- **家を購入した場合**※

です。その他の控除は、年末調整で会社にしっかりと伝えましょう。漏れてしまった場合は確定申告をすることになります。

会社員の「給料＋控除」の確定申告は、スマホで電子申告できます。国税庁ホームページの「確定申告書作成コーナー」で確定申告書を作成して、それをスマホで送信したら完了です。

必要になるのはマイナンバーカードと源泉徴収票・各種控除の情報です。スマホが対応していない場合は電子申告できませんが、その場合でも確定申告書作成コーナーで作った確定申告書を印刷して、最寄りの税務署に送れば大丈夫です。

確定申告書の作り方は、確定申告書作成コーナーの流れに沿って入力するだけ。イメージとしては、源泉徴収票に記載されている情報を丸写ししたり、ふるさと納税や医療費の情報を丸写ししたりする感じです。その時に前述の情報が必要になってきます

よね。「確定申告＝めんどくさい」というのが一人歩きしすぎているだけで、「給料＋控除」程度であれば意外とサクッとできるので安心してください。控除をしっかり取って節税しましょう。

※住宅ローンの税額控除。7章コラム参照

ふるさと納税の「ワンストップ特例制度」どう考える？

ふるさと納税だけは、**確定申告をせずに「ワンストップ特例制度」で申請することもできます**。ただし、**僕の結論は「確定申告を推奨」**です。

ワンストップ特例制度というのは、「ふるさと納税以外で確定申告を必要としない人は、地方自治体への連絡だけで控除の処理をしてあげるよ」というものです。本来だったら年末調整だけで終わる会社員のための制度と言えます。

しかし、ワンストップ特例制度は寄付先や種類が増えればその分申請回数が増えるし、確定申告で処理するよりもお得になる額が下がる可能性も。**何より〝無効〟になることがあるので要注意**です。

たとえば、年末調整が終わってワンストップ特例制度でふるさと納税の処理をしたあなたが、年明けに医療費控除が取れることが判明したとします。すると医療費控除のために確定申告をすることになりますが、確定申告をすると「ワンストップ特例制度が無効」になるんです。

だから忘れずに、確定申告書に再度ふるさと納税の情報を記載しないといけません。これは二度手間ですよね。万が一、記載をし忘れたら大損です。

ふとしたことから、確定申告が必要になることはあります。その時にワンストップ特例制度が無効になって大損する可能性を残すよりは、「ふるさと納税＝確定申告をする」というマイルールを作り、1年に1回電子申告でサクッと処理することに慣れましょう。

大河内先生のやさしいお金講座③

民間の保険を賢く使う方法

民間保険で何をカバーする？

大河内は漫画の中で〝保険反対派〟と言われています（笑）。けれど、そんなことはなくて、必要な場合のみ〝保険賛成派〟です。主張は一貫していて、「まずは公的保険！　足りない部分を民間保険！」です。

国が用意している保険はすごいです。高額療養費制度があれば医療費はどんなにかかっても月10万円以内におさまる人が多いし、自分が死亡したり働けなくなったとしても家族にお金を残すことができます。

このあたりの制度を理解せずに民間の保険に入っている場合は、まず間違いなく入りすぎです。大半の方が、**月々5000円～1万円の民間保険（医療保険&生命保険）**と、**公的保険との合わせ技**で、十分な保障を得られます。

もちろん家族構成や必要生活費で変動します。漫画の中のモデルケースと比較して、見直してみてくださいね。ここではもう少しポイントを深掘りしてみます。

●病気に備える

1年間の医療費の平均は約34万円（3割負担で約10万円）※1です。65歳未満だと約19万円（3割負担で約5万7000円）※1に下がります。

また、ガンの治療にかかる平均医療費は約110万円（3割負担で約33万円）※2です。これらを参考に考えます。

個人的には貯金と高額療養費制度でカバーできると思うので、医療保険は不要かなと感じます。

貯金がほとんどなくて不安な人は「都道府県民

共済の入院保障2型」という選択はアリです。月2000円〜で、入院1日あたり1万円保障、手術代2万5000円〜、日帰りから長期入院までカバー、先進医療も対応アリといった感じです。長期間働けない場合・障害で働けない場合の備えは、後述の就業不能保険を検討しましょう。

●死亡や働けない時に備える

民間の生命保険を検討する時のスタートは「誰にいくら残したいか」です。家族との話し合いは必須ですね。自分は「1000万円残したい」と思っても、家族からすれば「もっと必要だ！」ということも。死亡と働けない場合（就業不能）で分けて考えましょう。

死亡時に残したい金額を決める時は**団体信用保険の有無で大きく変わります**。これは住宅ローンを組むと入る保険で、死亡時には住宅ローンがチャラになります。残された家族の「家賃相当」の金額は考えなくていいので、「いくら残したいか」という金額が減るはずです。

残したい金額が決まったら、まずは遺族年金・障害年金や傷病手当金を確認。それで足りていれば民間の保険は必要ありません。足りなければ、死亡には生命保険で備えて、働けない場合には就業不能保険で備えましょう。両方とも掛け捨てで検討するのがオススメです。

※1　厚生労働省「平成29年度国民医療費の概況」より
※2　厚生労働省「医療給付実態調査平成30年度」より

おすすめの民間保険※

★定期保険（生命保険）

死亡時に保険金を受け取れる。

おすすめ▶ メットライフ生命のスーパー割引定期保険

35歳男性、非喫煙優良体、65歳満了1000万円保障の場合、保険料は月2390円

保険会社にて優良体と判断されない方（喫煙者など）は、ライフネット生命の定期保険の方が安い可能性があります。どちらもホームページから簡単に保険料のシミュレーションができます。

★収入保障保険（生命保険）

死亡時に保険金を受け取れるが、死亡年齢によって受け取り金額が変わる。

たとえば60歳まで働くとして、30歳で死亡なら残り30年分の給料が入らないし、50歳で死亡なら残り10年分の給料が入らない。この受け取れなかった給料分を補填するのがコンセプト。定期保険よりも、保障に対する保険料が安い。

おすすめ▶FWD収入保障保険

35歳男性、非喫煙優良体、65歳まで月10万円保障の場合、保険料は月2202円

たとえば40歳で死亡の場合は65歳までの25年間、遺族が月10万円を受け取れる（この場合は総額3000万円）。

★就業不能保険

事故・病気や障害で働けない状態になった場合に保険金を受け取れる。特に自営業者は傷病手当金がなくて障害年金が手薄なので、就業不能保険はしっかり検討しましょう。

おすすめ▶アクサダイレクト「働けないときの安心」

35歳男性、保険期間60歳まで、月10万円保障の場合、保険料は月2600円

給付条件が公的年金と連動しているので明確でわかりやすい。

ここまではすべて、配偶者やお子さんに残す前提で話してきました。独身で残す先がない場合は生命

保険は不要ですし、ご両親やご兄弟に残したいのであれば、掛け捨ての生命保険で十分だと個人的には思います。繰り返しになりますが、自営業者に関しては公的保険が手薄なので就業不能保険を検討しましょう。

※保険の情報は２０２１年７月現在のものです。
最新の情報は著者のブログにて、都度更新しています

貯蓄型保険と貯金、得するのはどっち?

たとえば35歳の男性が、65歳までの30年間で「生命保険による１０００万円の保障と、貯金１０００万円」が欲しいとします。

①貯蓄型の保険なら、毎月３万３７００円の保険料です（１０００万円の保障と、65歳の満期時にももらえるお金が１０００万円）。※1

②貯金と保険を別々に考えるなら、毎月２万９９７８円のお金が必要です（掛捨ての生命保険月２２００円と月２万７７７８円の貯金を30年間）。※2

その差は月３７２２円！ **30年で約１３４万円の差**になります。

貯蓄型の生命保険には、目に見えない手数料がのっています。他にも途中引き出し＝解約すると保障はなくなるし、解約時期によっては受け取るお金が目減りします。割高な上に、使い勝手が悪いのです。

貯金と保険は別々に考えた方がトータル安く済むでしょう。

※1　メットライフ養老保険 65歳満了全期払い（35歳男性非喫煙者）
※2　メットライフスーパー割引定期保険　65歳満了（35歳男性非喫煙者）

2章のまとめ

◎給料から「税金」と「社会保険」が引かれている

◎会社員の節税のポイントは「控除」

◎主な社会保険は「医療保険」「年金保険」「介護保険」「労働保険」

◎日本の保険の手厚さは、世界最強！

お金を守るポイント

守る　公的保険でカバーされている分を把握し、それでも足りない分は民間保険を検討！

守る　貯蓄型保険は割高なのでスルーでOK！　貯蓄と保険は別々に考えるべし！

3章

「投資」で
お金を守る！

税金と公的保険を知ったら……
税金
保険
今まで無駄に払っていたものが見えてきたでしょ？
節約は大きいものからが鉄則!
ナンタラホケン
カンタラほけん
せーめー《ムダ》ほけん
ペし
ペし
ペし
浮いたお金を貯金に回します
貯金をするな〜!!
せっかく浮いたんだからチャレンジするんだよ！
………!?
SACHI
これからは貯めるだけじゃなくて
増やすんだよ!!
投資
777
BET!
投資で♡
投資か……でもやっぱり怖いし……
めんどくさい!!

投資は怖いし
お金が減っちゃう
かもしれない
じゃないですかー……
そして難しそうで
めんどい
ずぶたんだし…
故郷の母も絶対に
やるなって
言ってますし
投資ハ？
ダメだよ～
圧ッ!!
おお……
投資といえば
知り合いから
こんなLINEが！
サッ
えっ
僕のビジネスの集大成
としてファンドを
作りました……？
ぜひ応援してください
100万円預ければ
最先端の投資で
あなたのお金を
必ず増やします！
毎月3万円の
分配金……
これが
投資……？
あんじゅ
先生……
それは
投資じゃなくて
投資に見せかけた
詐欺だよ！
なに!?
くわっ
SACHI

国民全員、もう投資をしている!?

まずは恐怖心や誤解を取り除いていこーっ
というか
実はね、日本人は……もう全員投資をしている！
投資〜
投資〜
え!?
しかも国がやっている!!
ハイ〜〜
国
!?
我が国が投資をしているってこと？
年金積立金管理運用独立行政法人略して
GPIF
Government Pension Investment Fund
年金のNじゃないの!?
GPIFが行っている
つまり
僕たちが払っている年金は投資で運用されている
年金運用!!
ええええっ！マジ!?
高齢化社会では現役世代が払う年金では足りなくなるため
国民から預かった年金を積立投資で運用しているんだ！
こんなカンジ？
わーい
国

実際に
ここ20年で
約95兆円の利益を
出しているよ
平均利回り3.61％
運用資産額186兆円
(2021年3月時点)
(運用実績2001年度〜2021年度)
払っている年金が
いつの間にか運用
されていたとは……
おどろき
だぜ……
でも現役世代が
支えているって
言ってなかった？
そうなんだけど
国も考えて
いて……
GPIFで
増えたお金を
まだ使っていない!!
年金の出どころ
①現役世代が払う
保険料
②税金など
2017年度
52兆円
③GPIF
未使用
この先、
さらなる高齢化社会で
現役世代が負担増で
泣きを見ないように
でんっ
年金を
増やしている
しかも投資で！
くわっ
国は
こんな大事な場面で
貯金じゃなくて
投資を選んでいる!?
そう！
いい視点だね!!
ふぉ
投資なんて
怖いのに……
国民の
お金で
やるなんて
……

国民にとって
大事な年金を投資……
つまり国が
「投資は危険度が低い」と
言ってるようなものー！
投資ええやないか！
リスクも低いやないか
国
SACHI
そして！
フーン
ほーう
国が、集めた年金を
全部貯金していたら
95兆円は生まれなかった
のだー！
ジャンジャンバラバラ〜
95兆円
ハァハァ
すごいでしょ？
すごいでしょ？
たしかに…
GPIFは
本当に優秀で
GPIF
20年間の投資で
平均利回り
3・61％の利益を
出しているんだ
平均利回り？
3・61％？
用語が
難しくて
よくわかり
ません……
えっ

金利や利回りがわかりません！
いきなり金利とか利回りとか……もう〜何なんですか!!
えぇーっ うーん……
利子ってわかる？
きっちり返さんかいっ！
借金した時に払うお金
そうそう貸す側はタダではお金を貸さないからね！
利息もらうよ
利子つけて返さなきゃ……
利子・利息
貸した側
借りた側
借りた人に、借りた〝お返し〟としてお金を払ってもらうよ
借金の時の利子や利息は返す時に適当に払うわけじゃない
借りる時に必ず割合を決める
利子は？
割合……？
ヒイッ
100万円の借金をする時に1年後に101万円で返す約束をした
100万円
101万円
払う利子は1％
（これが割合）
算数は苦手です！
ムリ
プルプル
この割合を金利と言うんだけど
金利は借金だけの話じゃない

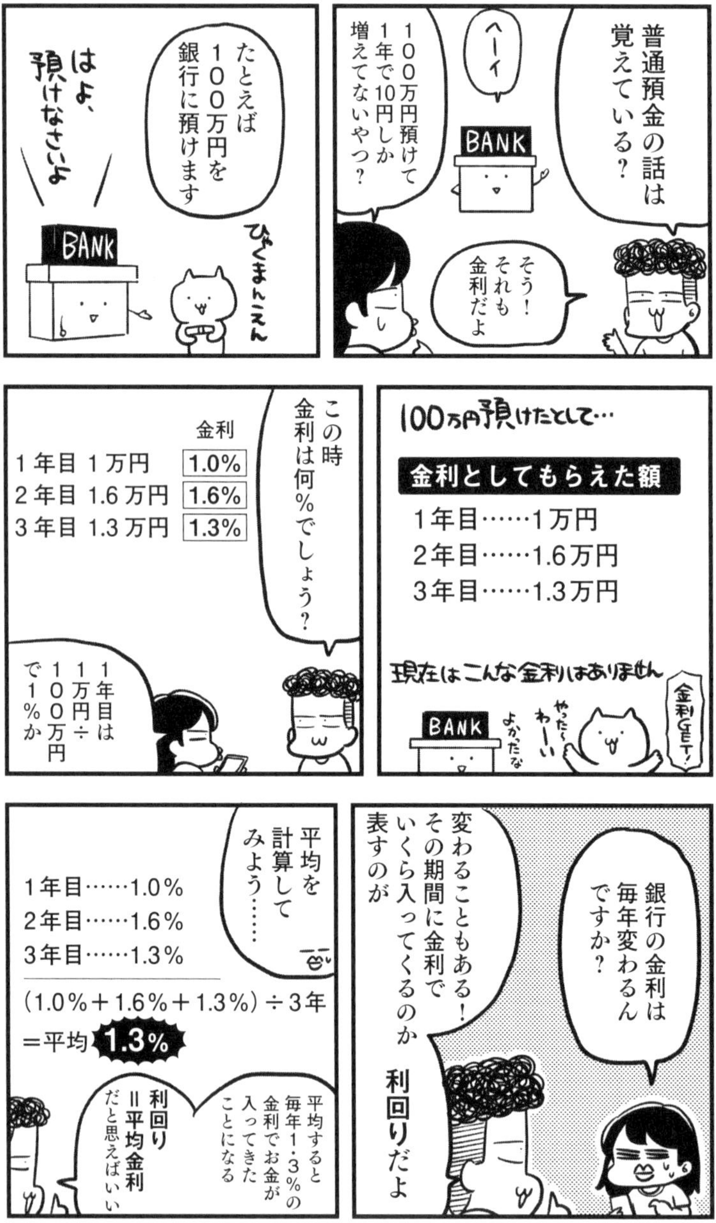
普通預金の話は覚えている？
へーイ
BANK
100万円預けて1年で10円しか増えてないやつ？
そう！それも金利だよ
たとえば100万円を銀行に預けます
はよ、預けなさいよ
BANK
ひゃくまんえん
100万円預けたとして…
金利としてもらえた額
1年目……1万円
2年目……1.6万円
3年目……1.3万円
現在はこんな金利はありません
BANK
よかったな
やったーわーい
金利GET！
この時金利は何％でしょう？
1年目は1万円÷100万円で1％か
金利
1年目 1万円 1.0%
2年目 1.6万円 1.6%
3年目 1.3万円 1.3%
銀行の金利は毎年変わるんですか？
変わることもある！その期間に金利でいくら入ってくるのか表すのが利回りだよ
平均を計算してみよう……
1年目……1.0%
2年目……1.6%
3年目……1.3%
(1.0%＋1.6%＋1.3%)÷3年
＝平均1.3%
平均すると毎年1・3%の金利でお金が入ってきたことになる
利回り＝平均金利だと思えばいい

うーん
ムズ〜
まだ全部理解できなくてＯＫだよ！
ぐっ
このあと投資の話と絡めていけばわかる！
今はなんとなく雰囲気をつかんで！
ダイジョブ
雰囲気でいいのか!?
では質問です
お金はどうやったら増えますか？
ピンポーン
あ
働く!!
……の他になんでしょう？
……
え？ 働く以外も答えろってこと？
えっ
お金増える…？ 宝くじとか？
もっとあるでしょ!?
もぉ〜っ

資産所得と労働所得
銀行に預けてもお金は一応増えたよね？
これを資産所得と言います
●資産所得
自分の資産に働いてもらって得るお金（銀行の利息、株、不動産など）
●労働所得
自分の時間と労力を使って得るお金（給料や売上など）
カタ
カタ
SACHI
さて投資はどっち？
えー
資産所得ぅ？
ウフフ♡
？
？
そうそう♡
じゃあ儲かるのはどっち？
資産所得？労働所得？
えーわかんないよぉ
なんだよー
じゃあピケティって知ってる？
あはは
ははは
うはは
ピ○○○○!?
ダメだよそれは……
ダメか……
ピケティさんはフランスの経済学者だよ！
ピケちゃんだよ
ナハナハ
日本にも来たことあるんだよ
彼は18世紀までさかのぼってデータを分析した結果……
えっ
これヤバくなーい!?
資本…マジー!?
1701-
資本収益率は経済成長率を上回ると証明した！
※著書『21世紀の資本』より

ピケティ曰く、
資本収益率５％
＜
経済成長率２％
ダヨっ
え？　うーん……
私、よくわからない数字を見るとコンタクトがかわくんですよね……
ぱさぱさ
超ざっくり言うなら……
資本収益率は株や土地など資産からもたらされる利益
経済成長率は給料のこと
ヨシッ
カタカタ
今の初任給と50年前の初任給って全然違うじゃん？
50年前…
がんばりますっ
現在
それは経済成長したから！
でもその成長率が２％に対して資本収益率は４～５％だった！
ウェイ
資本
4％
2％
で？
でっ
つまり働いて給料をもらう人より
株や土地を持っている人の方が収入が増えるペースが早いってこと！
株
為替
わーい

でもさあ
株とか土地とか
持ってないよぉ
えー
資産を持つものと持たざるものの格差は証明されている
資本収益率
5%
ピャー
だから……！
投資に目を向けるんだよ！
用語を完璧に覚える必要はないよ！
お金の増やし方は労働だけじゃない
お金にお金を増やしてもらった方が効率がいい！
トウッ！
ババーンッ
ぴょーっ
よーしっ
どこ行くの？
利回り50%くらい利息くれる銀行を探しに行こうかと！
ばっ
私もお金にお金を稼がせて儲けたーい！
……
あんじゅ先生……
いい？
絶対に覚えてほしい
数字がある……！

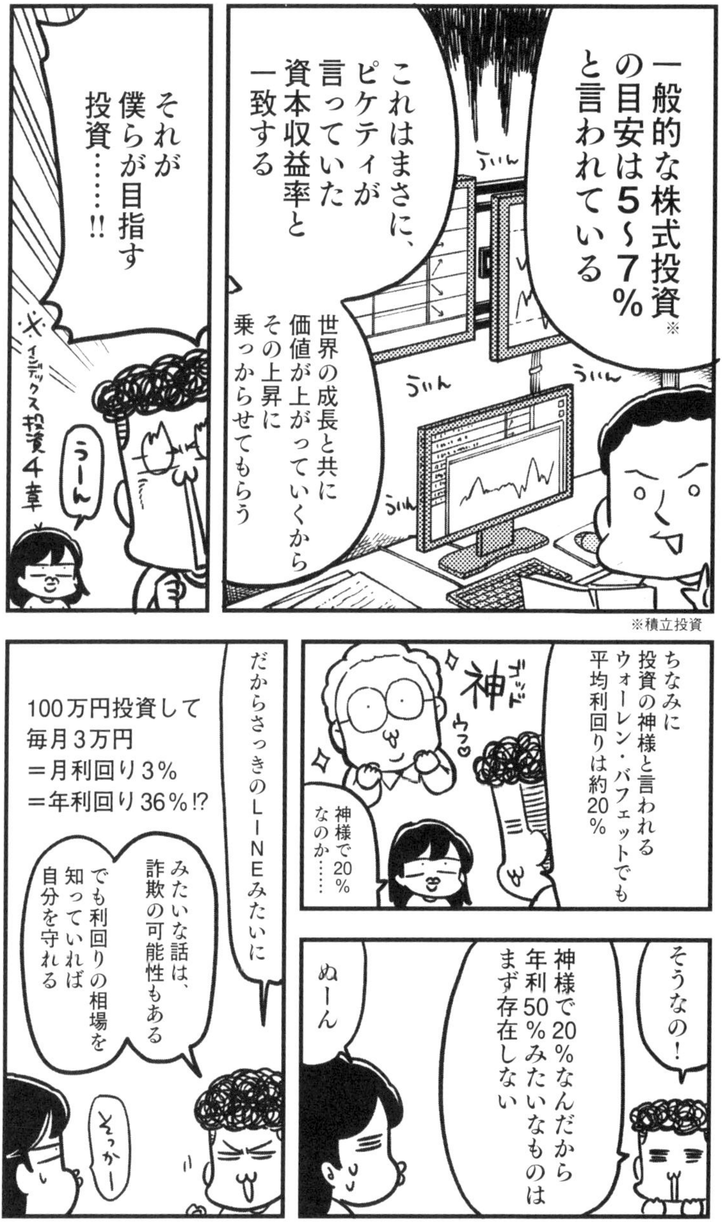

一般的な株式投資※の目安は5~7%と言われている
うぃん
うぃん
うぃん
うぃん
これはまさに、ピケティが言っていた資本収益率と一致する
世界の成長と共に価値が上がっていくからその上昇に乗っからせてもらう
それが僕らが目指す投資……!!
※インデックス投資4章
うーん
ちなみに投資の神様と言われるウォーレン・バフェットでも平均利回りは約20%
神《ゴッド》
神様で20%なのか……
そうなの！
神様で20%なんだから年利50%みたいなものはまず存在しない
ぬーん
だからさっきのLINEみたいに
100万円投資して
毎月3万円
＝月利回り3%
＝年利回り36%!?
みたいな話は、詐欺の可能性もある
でも利回りの相場を知っていれば自分を守れる
そっかー

※積立投資

投資にかかる税金って？
じゃあ利回り5％の銀行に預けておきますか！
だからそんな銀行はもうないんだってー
資産を買う＝投資しかないよ！
ぴえん
どんな投資がいいかはあとで詳しく教えます
一覧は4章へ
ヤダヤダ格差社会
格差社会につながる話をもうひとつ
ウェ〜〜
もういらんです
聞いてほしいの！
投資の税金の話♡
ヤダ〜
株式投資で得た利益にも税金がかかる！
その税率は20.315％
※所得税と住民税を合わせて
さっきの税金の話と違うんですか？
投資で得た利益はどんなに大きくても税率約20％！
たとえ1億円でも約20％！
ハァハァ
他の税金はもっと高かったような……

給料や売上利益が1億円なら
かかる税金は……
所得税 45%
住民税 10%
合計 55%
高額納税者は大変だな……
うん
オレは国にギブしてる
株式投資の利益が1億円なら
税金は
どこまでいっても
20.315%
これに対してどう思ってる?
サイコー
金持ち優遇って思う♡
お金が増えるスピードも早いし税金も安い!
低くてうれしい!
なぜお金持ちが投資をやるかわかるでしょ
ぐぬぬ〜
そういうことか……
なんでこんな大切なことを誰も教えてくれないんだろう?
学校で教えてくれないからね
でも義務教育で教えるべき話だよ!!
お金の義務教育いつか僕が導入するぞ……!
ゴオッ
それなっ
まず覚えるのは、僕たちは投資で**世界の平均〝利回り5%〟を目指す**ということ!
これで老後の不安を減らせる可能性があるんだ
5%
ごぽーっ

複利は人類最大の発明！

ねっ
金利わかった？
はい！なんとなく
SACHI
金利には単利と複利がある
お金を増やしたいなら「複利」を理解することが絶対！
単利
複利
SACHI
あの天才アインシュタインも
複利は人類最大の発明だぴょん
と言ったほど！
キャー♡お金増やしたい
複利様！なんかすごそう！
100万円を年間利回り5%で増やすと？
100万円×5%＝5万円
5万円！
すばらしい!!
100万円なら計算できます！
そして
えらいっ
その5万円は引き出して使い切り来年また100万円を運用することを
単利と言う
単。
ぱぁーっ
ヤキニクたべよー
ヒャクマン円。
またがんばろーっ

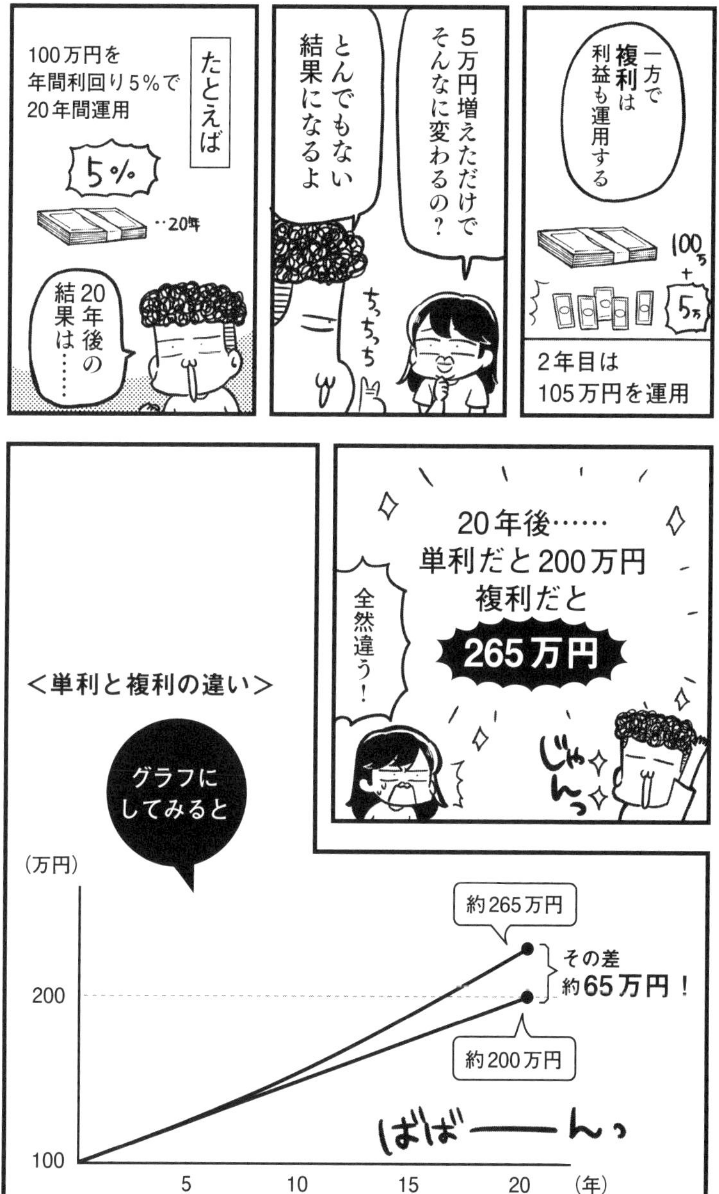
一方で複利は利益も運用する
2年目は105万円を運用
5万円増えただけでそんなに変わるの?
とんでもない結果になるよ
ちっちっち
たとえば
100万円を年間利回り5%で20年間運用
5%
…20年
20年後の結果は……
20年後……
単利だと200万円
複利だと
265万円
全然違う!
じゃんっ
<単利と複利の違い>
グラフにしてみると
(万円)
200
100
5
10
15
20
(年)
約265万円
約200万円
その差約65万円!
ばば――んっ

＜単利と複利の計算方法＞

100万円を年間利回り5%で20年運用する時

●単利で運用した場合

増えた5万円は
引き出して使う！

	運用額	増える額（5%）	元本＋増えた額
1年	100万円	5万円	105万円
2年	100万円	5万円	110万円
3年	100万円	5万円	115万円
	～	～	～
20年	100万円	5万円	200万円

●複利で運用した場合

②増えた5万円を
翌年の運用に追加

①増えた5万円は
引き出さない

	運用額	増える額（5%）	元本＋増えた額
1年	100万円	5万円	105万円
2年	105万円	5万2500円	110万2500円
3年	110万2500円	5万5125円	115万7625円
	～	～	～
20年	252万6940円	12万6347円	265万3287円

③5%で
増える額が
増加！

（※1円未満は切り捨てで計算）

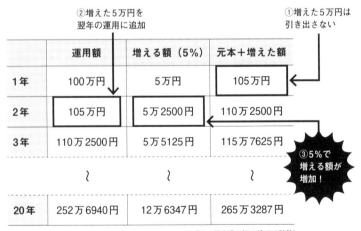

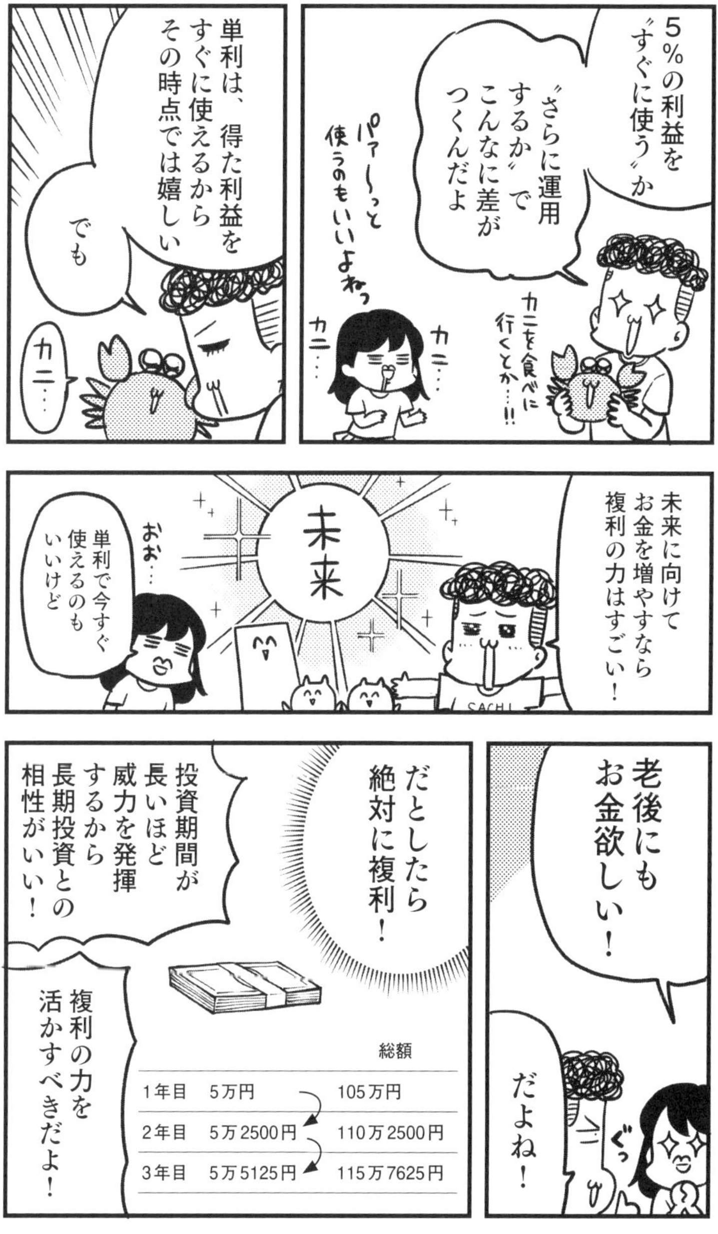
5%の利益を〝すぐに使う〟か〝さらに運用するか〟でこんなに差がつくんだよ
カニを食べに行くとか…!!
パァ〜っと使うのもいいよねっ
カニ…
カニ…
単利は、得た利益をすぐに使えるからその時点では嬉しい
でも
カニ…
未来に向けてお金を増やすなら複利の力はすごい！
未来
SACHI
おお…
単利で今すぐ使えるのもいいけど
老後にもお金欲しい！
だよね！
ぐっ
だとしたら絶対に複利！
投資期間が長いほど威力を発揮するから長期投資との相性がいい！
複利の力を活かすべきだよ！
総額
1年目 5万円 105万円
2年目 5万2500円 110万2500円
3年目 5万5125円 115万7625円

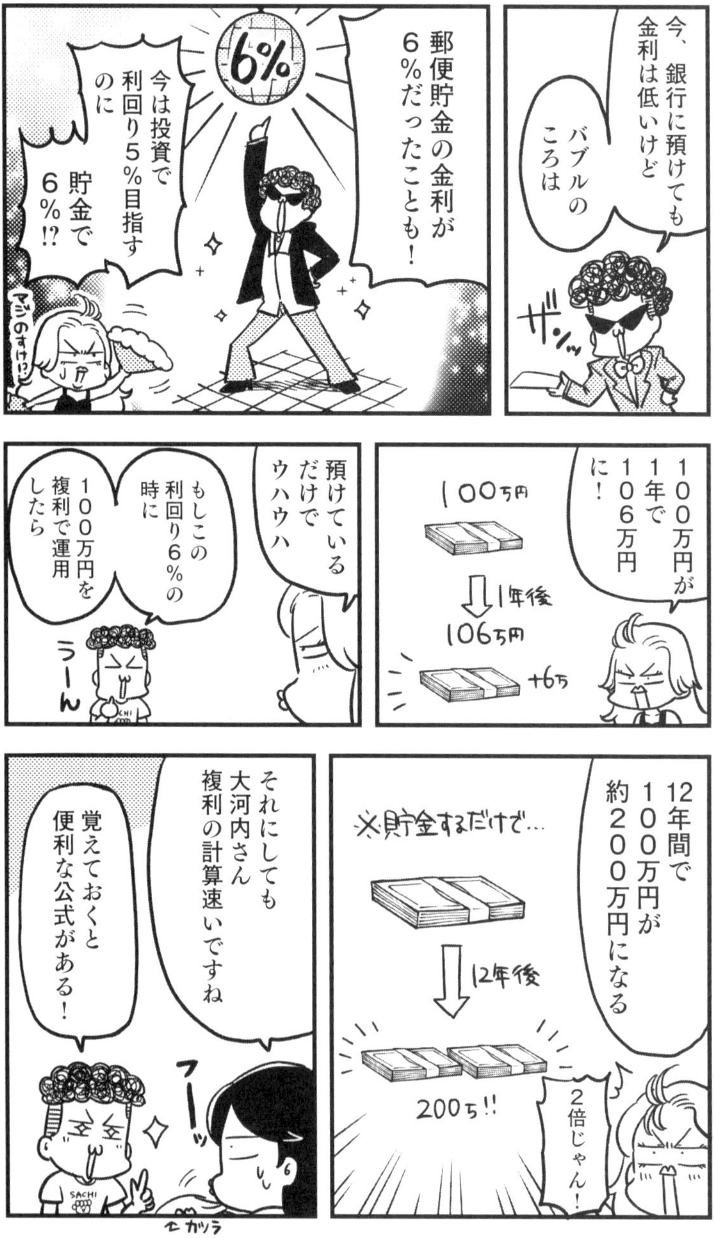

今、銀行に預けても金利は低いけど
バブルのころは
ザンッ
郵便貯金の金利が6％だったことも！
6%
今は投資で利回り5％目指すのに
貯金で6％!?
マジのすけ!?
100万円が1年で106万円に！
100万円
1年後
106万円
+6万
預けているだけでウハウハ
もしこの利回り6％の時に100万円を複利で運用したら
うーん
12年間で100万円が約200万円になる
※貯金するだけで…
12年後
200万!!
2倍じゃん！
それにしても大河内さん複利の計算速いですね
覚えておくと便利な公式がある！
フーッ
←カツラ

長期投資した時に何年でお金が2倍になるかざっくりわかるよ
72の法則
72÷利率の数字
＝お金が2倍になるまでにかかる年数
＜金利が6％の場合＞
72÷6＝約12年で2倍になる
今の金利は0.001％だったよね？
おどろくほど絶望的な金利ですね
BANK
それでも預けてね
バブル
さよならバブル…
72÷0.001
＝72000年
ってことは……
てってーーんっ
今は貯金で2倍にするのに7万年以上かかるよ！
な……7万年も待てるかー!!!!
投資の大切さわかったでしょ？

年金の３階は投資で作る！

複利の力と
ある程度の
利回りで……
老後の不安は
解決できるー！
イエイイエイ
ウォウウォウッ
複利とか少し
わかってきたけど
ムズかしそう
投資ィィ!!
それだけで
大丈夫なんすかぁー？
ちゃんと説明するよ
年金は２階建てだけど
厚生年金
国民年金
３階部分を
自分で作るんだ！
？
厚生年金
国民年金
パァァア!!
わぁ！
なんか
すごそう！
年金制度は
破綻しないけど、
給付額には
限界があるから
国が推奨している
自分でも
やってよね！
えっ
国
3階
つくろ！
ほー

3階を作るってどうすれば？
国民ねこ
あー じゃあちょっと用意するわ
国
国
で、国が用意した制度が……
ザザッ
iDeCoとNISA
イデ子よ！
バァーン
ニーサ君です
なんか聞いたことある！
2階建てを3階建てに！さらに2024年から新NISAになりました！※
ババァーン
＜年金の3階部分＞

	自営業 フリーランス	会社員 公務員
3階	iDeCo NISA	iDeCo NISA
2階		厚生年金
1階	国民年金	国民年金

国民のみなさーん制度は用意しましたよー
あーい

※新NISAの中でも、つみたて投資枠を活用。くわしくは5章で！

じゃっ よろしく
サーッ
詳しい説明は？
あ…
僕が説明します
ここで僕が強く言いたいのは……
iDeCoも
NISAも
投資
だということだーー!!
キュピーン
!!
投資を国が推奨しているとは……！
iDeCoの正式名称は「個人型確定拠出年金」年金の名前を背負っています
ウフフ…♡
正真正銘自分で作る年金！
でも中身は投資!!

国は、2019年の老後2000万円問題の時も
すでに足りない分を補填する制度はあります……
と、この2つの名前を出して弁明していた
金融庁
アピールしない国も悪いけど
知ろうとしない国民もね
たしかに知ろうとしない我々がいけませんが
調べるのはめんどくさいので教えてください
カッ
もーっ
仕組みはそれぞれ違うけど
2つとも前提は投資です
国が用意した口座で投資するイメージ
BANK
国の制度なので メリットが多い！
ひと言で言うなら節税効果が高い積立投資だね
節税〜〜〜！
イェーイ!!
ん？積立投資？
つみたて…

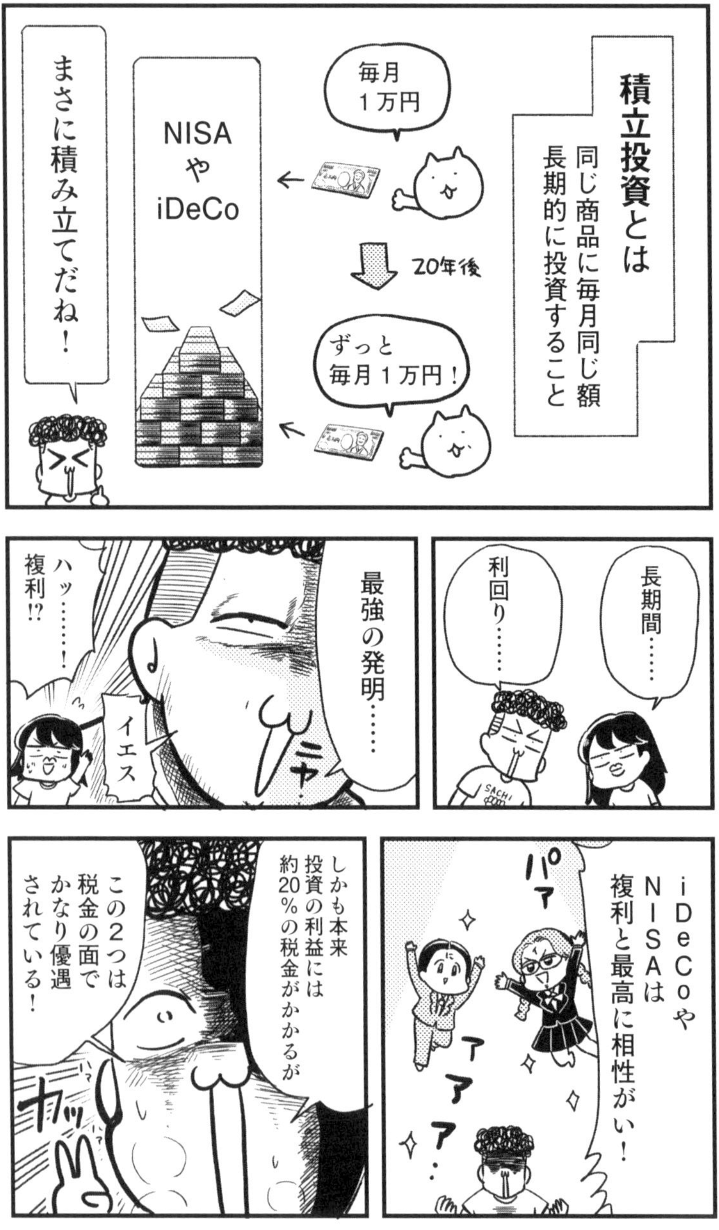
積立投資とは
同じ商品に毎月同じ額
長期的に投資すること
毎月
1万円
20年後
ずっと
毎月1万円！
NISA
や
iDeCo
まさに積み立てだね！
長期間……
利回り……
SACHI
最強の発明……
ニヤ
イエス
ハッ……！
複利!?
iDeCoや
NISAは
複利と最高に相性がいい！
パァァァア…
しかも本来
投資の利益には
約20%の税金がかかるが
この2つは
税金の面で
かなり優遇
されている！
カッ

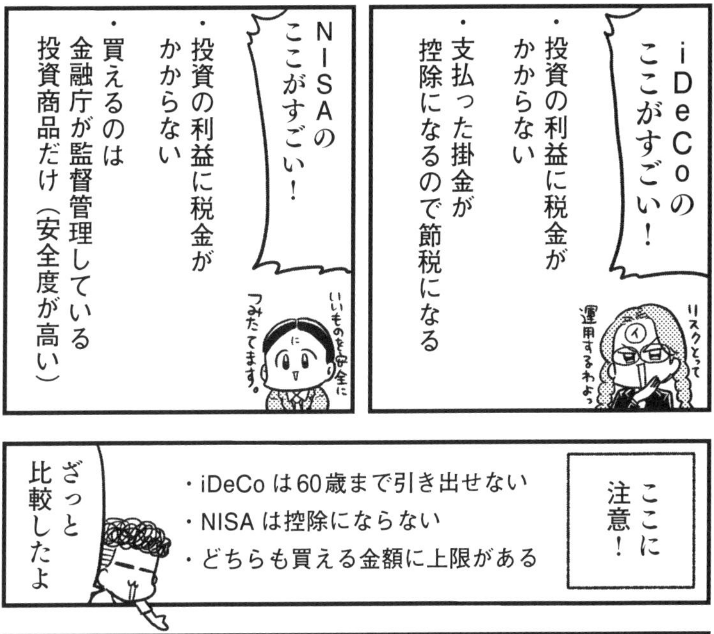
iDeCoのここがすごい！
・投資の利益に税金がかからない
・支払った掛金が控除になるので節税になる
リスクとって運用するわよっ
NISAのここがすごい！
・投資の利益に税金がかからない
・買えるのは金融庁が監督管理している投資商品だけ（安全度が高い）
いいものを安全につみたてます。
ここに注意！
・iDeCoは60歳まで引き出せない
・NISAは控除にならない
・どちらも買える金額に上限がある
ざっと比較したよ

＜iDeCoとNISAの違い＞

	iDeCo	NISA
対象	年金被保険者の20～65歳未満	日本に住む18歳以上
買える金融商品	投資信託・定期預金・保険	金融庁の基準を満たした投資信託など※1
いくらから？	5000円から	1,000円から
掛金の上限	年間14.4万円～81.6万円 上限は人によって異なる	年間360万円
控除による節税	掛金の全額が、その年の控除になる	所得控除なし
引き出し	原則60歳まで引き出せない	いつでも売却して引き出せる
運用益の非課税期間	75歳まで	恒久的（ずっと非課税）
受け取り時の税金	かかる	かからない

※1 長期の積立投資に適した投資信託や、金融庁が監督管理している、上場株式・投資信託

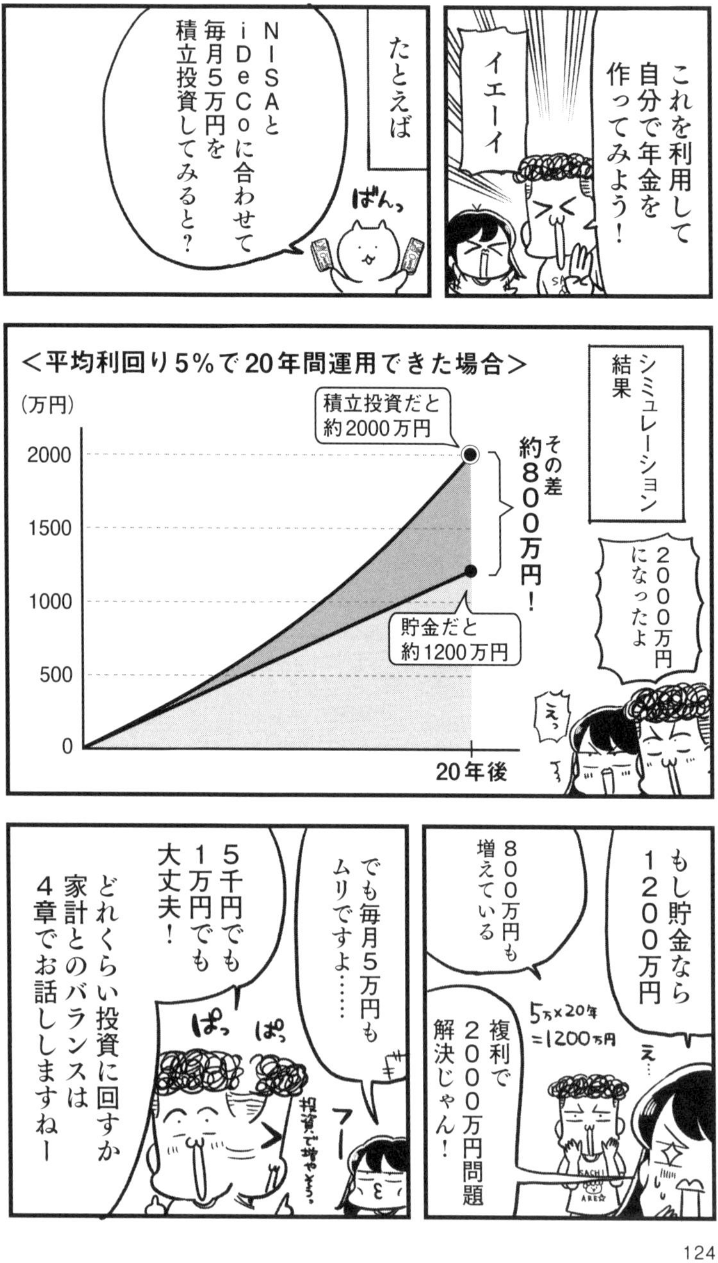

これを利用して自分で年金を作ってみよう！
イエーイ
たとえば
NISAとiDeCoに合わせて毎月5万円を積立投資してみると？
ばんっ
シミュレーション結果
＜平均利回り5％で20年間運用できた場合＞
（万円）
2000
1500
1000
500
0
20年後
積立投資だと約2000万円
貯金だと約1200万円
その差約800万円！
2000万円になったよ
えっ
もし貯金なら1200万円
800万円も増えている
5万×20年=1200万円
え…
複利で2000万円問題解決じゃん！
でも毎月5万円もムリですよ……
5千円でも1万円でも大丈夫！
どれくらい投資に回すか家計とのバランスは4章でお話ししますねー
ぱっ
ぱっ
投資で増やそう。
フー

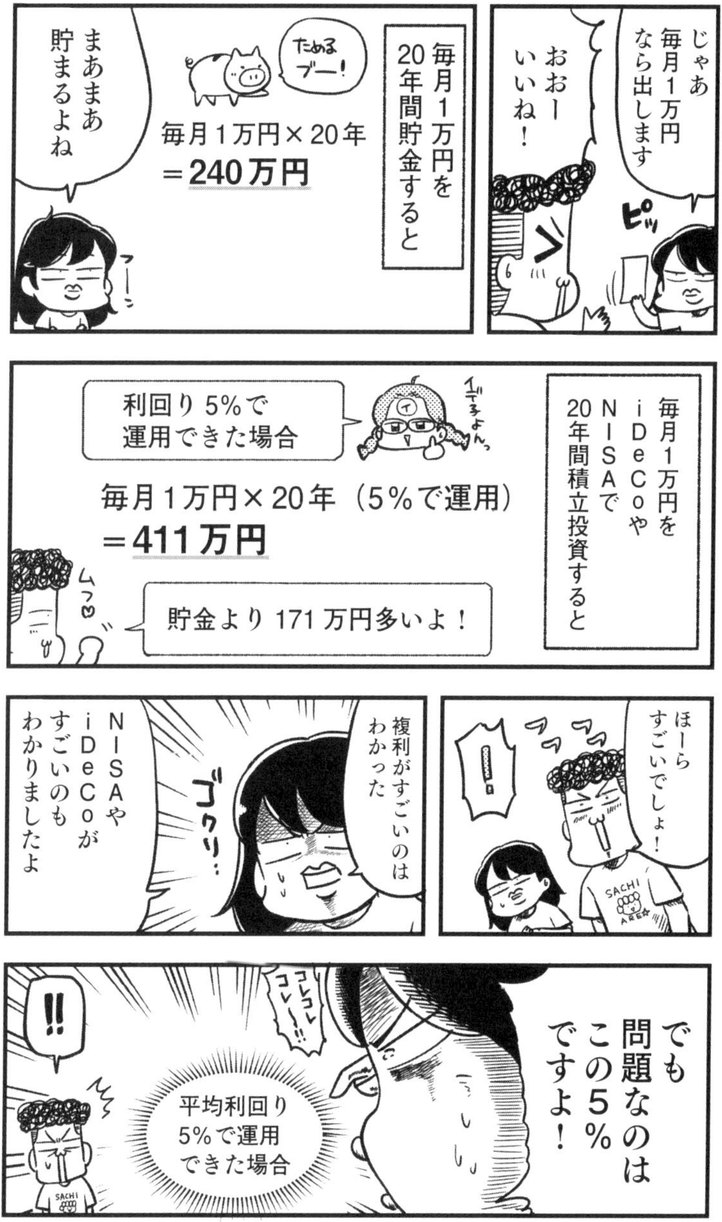
じゃあ毎月1万円なら出します
おおーいいね！
ピッ
毎月1万円を20年間貯金すると
ためるブー！
毎月1万円×20年
＝240万円
まあまあ貯まるよね
フーン
毎月1万円をiDeCoやNISAで20年間積立投資すると
イデ子よんっ
利回り5%で運用できた場合
毎月1万円×20年（5%で運用）
＝411万円
貯金より171万円多いよ！
ほーらすごいでしょ！
複利がすごいのはわかった
ゴクリ…
NISAやiDeCoがすごいのもわかりましたよ
でも問題なのはこの5%ですよ！
コレコレコレ〜!!
平均利回り5%で運用できた場合
!!

平均と言われても信じられません
私はテストで平均以下もザラですよ！
JKあんじゅ
平均66点
52
アホでした。
投資なんだから減ることだってあるでしょうがー！
も……もちろん
ゴォ…
必ず平均利回り5％で運用できる保証はない……！
ゴッ
!!
減る可能性もある
減るのはイヤです！
でも貯金も減るんだってば！
ぐぬぬ
ぐぬぬぬぬぬぬぬぬぬ……
プルプル
プルプル

私……ダマされてないですよね？
うぐ
ダマしてないよ！
うぐ
ひとつ確かなことは積立投資で投資するモノを間違えないこと
NOー！
それだけはダメーーッ
そうすればお金を増やす確率を極限まで高めることができる！
ばばーんっ
お金増やしたい〜
僕がとことん教えましょう！
ん？
むずかしいことやろうとすると
頭が真っ白になるのよ……
完《かん》
も〜！ ちゃんと教えるってばー！
おわってなーい
ぱっ

大河内先生のやさしいお金講座④

知っているとお得な年金上乗せ制度

フリーランスや自営業の場合

「年金の3階を投資で作る」というのが本書のメッセージのひとつですが、その前に気軽に年金を増やせるものを確認しておきましょう。

フリーランスがまず真っ先に確認してほしいのが「付加年金」です。

●付加年金

僕がフリーランスだったら絶対に加入したいと思えるとても優秀な制度です。金額こそ少ないですが、効率（利回り）だけなら、年金業界でダントツNo・1です。

対象者は自営業者（個人事業主・フリーランス）。**月額400円の付加年金を支払えば、老後もらえる年金が増えます。**この増える額が〝ハンパじゃない〟です。**老後に年金として受け取る金額（年額）は、支払った総額の半分。つまり、たった2年受け取れば元が取れます。**

たとえば20〜60歳まで付加年金を40年間払ったとします。400円×12ヶ月×40年＝19万2000円の支払いです。これに対してもらえる年金は、毎年9万6000円です。2年で元が取れて、3年目からプラスです。

もし仮に、60歳から25年間付加年金を受け取ったとしたら、19万2000円の支払いに対して、総額240万円の受け取りです。

20〜60歳で支払い、60〜85歳までの受け取り。この65年間でのリターンは、脅威の平均年利回り17・7%で、神様バフェットさんもびっくりの数字です。

あ、もちろん年金なので支払った金額は控除になるし、受け取る時は税金がかかりますよ（受け取り時の税金は6章へ）。

●国民年金基金

こちらは複雑です。これをやるなら6章で説明するiDeCoをやればいいんじゃない？　と、個人的には思うのでサラッと説明します。

対象者は自営業者（個人事業主・フリーランス）。月額は1万円～6万8000円です。年金なので、掛金（支払い）が控除になるし、受け取る時は税金がかかります。

国民年金基金の中にさらにいくつかの種類があるので複雑ですが、終身年金になるものや、受け取り前に亡くなった場合の遺族一時金がつくものもあるので、純粋に年金を増やしたいという方（亡くなるまでずっと受け取れる終身年金に魅力を感じる方）にはオススメです。

個人的なマイナスポイントは、掛金の総額がiDeCoと合算されるところです。国民年金基金に加入していると、iDeCoの枠が減ります。その逆もしかりです。

まとめると、まずは付加年金が最優先。iDeCoと国民年金基金は、どちらも理解して自分に合った方を検討する。その時にNISAとの比較も忘れずに、と言ったところでしょうか。

いずれにしてもまずは制度をしっかり理解してくださいね。そして投資は無理をせず。生活資金を絶対に投資に回さないように。

上乗せでもっと得しましょーっ
おトクサイコ～♡

会社員や公務員の場合

会社員と公務員は、年金の２階＝厚生年金があるのは２章で話した通りです。そして３階との間に、２・５階が存在します。

会社員は**「確定給付企業年金（ＤＢ制度）」**と**「企業型確定拠出年金（ＤＣ制度）」**。

公務員は**「年払い退職金制度」**です。漢字ばかりで嫌になっちゃいますね。

会社員の制度については、自分の意思とは関係なく、お勤めの会社が制度を取り入れていれば加入という感じです。

●確定給付企業年金（ＤＢ制度）

あらかじめ給付額が確定している企業年金制度です。お勤めの会社が全額負担でやってくれることもあるので、そうだとしたらラッキーです。会社に感謝しましょう。合意のもとで従業員が一部負担をする場合もあります。その場合は負担額は生命保険料控除になります。

いずれにしてももらえる金額は決まっているので、各自会社に確認をしましょう。年金として受け取るのは定年まで勤めた場合がほとんどで、途中退職の場合は退職金が増える代わりに、年金としては受け取れない場合も多いです。

この制度に加入をしていると、ｉＤｅＣｏの上限額が月１万２０００円に減ります。

●企業型確定拠出年金（ＤＣ制度）

６章で説明するｉＤｅＣｏの企業版です。つまり、**掛金で投資をしていく**ことになります。掛金は会社が負担してくれますし、任意で従業員が会社の掛金と同額まで上乗せできます。

お勤めの会社が制度を採用していると加入となりますが、おそらく多くの人が理解しないままに、入社と同時になんとなく申請書に記入しているんじゃないかなぁと思います。

しかし、企業型確定拠出年金に加入しているなら注意が必要。**加入している＝投資先を選んでいるということ**です。知識がないままにこの制度に加入している場合は、本書で投資の知識を学んで、早急に投資先を確認しましょう。会社が負担してくれているといえども、適当な投資先を選んでお得を逃すのはもったいないです。企業型とｉＤｅＣｏとの併用については、６章のコラムで解説しますね。

●年払い退職金制度

公務員のための年金上乗せ制度ですが、強制加入で給与天引き、かつ、雇用主と従業員の労使折半（所得の０・７５％ずつ）ですから、中身はほぼ２階部分と変わりません。

違いは、賦課方式ではなく積立金方式であることと、一部有期年金になるところ。自分が支払った金額を、将来自分が受け取るイメージです。受け取り方は終身年金と有期年金で半々となります。

ざっくりいえば、会社員よりも年金支払いが多いから、もらえる年金も多いということ。将来の生活設計のためにも、自分がもらえる年金をざっくり把握しておきましょう。

3章のまとめ

◎国民が納めた年金は、国が投資で運用している

◎複利は、時間をかけるほどお金の増えるスピードが上がる

◎老後資金の確保と複利での長期投資は、相性が良い

◎国が用意したお得な投資専用口座が「iDeCo」と「NISA」

お金を守るポイント

守る　年金の3階部分は、投資で作る！

守る　貯金の利息でお金を2倍に増やすには、7万年以上かかる！
（＝投資でお金を増やす方へシフト！）

4章

投資信託
理解編

ワイ
ワイ
ファミ
ファミレス
投資は理解して行動すれば大丈夫なのに
やっぱり世間じゃ嫌われ者ですよねー
も、
も、
・・・・・・・・・・。
ほぼ負けない投資もあるんだから、月１万円でも体験すればいいんだよ！
そうすれば見える景色も変わるんだから！
ぺた
ぺた
んでさー投資でお金が増えるって言うんですよね
えっ 投資!?
うわー よくわかんない

田端信太郎

リクルートで R25 創刊。ライブドアでメディア事業部長、LINE、ZOZOTOWN で役員を経て独立。

大手町のランダムウォーカー

公認会計士。決算書を解説する著書が35万部超えのベストセラー。

情報が多すぎて何からやればいいかわからないいんだよね
いのPさん
会社員。あんじゅ先生の元職場の先輩。
とりあえず貯金でよくないっスか？
ムズいのとかめんどくさいのムリ！
ま、ごはん食べましょ！
ティーちゃん
会社員。あんじゅ先生の元職場の後輩。最近転職した。
おなかすいたー
あ
大河内さんだっ
おっ
あと、なんかお金持ってそうな人たち！
!!
ビクッ
ギラッ
ちょうどいいや！もっと投資のこと教えてください！
つかまってしまった
オゴリ〜♡
ついでにおごってください
クマがいる

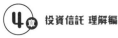

投資信託って？

よくわかんなかったのが、投資だとお金が増えるあのグラフ！
投資
貯金
コレ

5%の利回りになればいいらしいけど……
そんな都合のいい話信じていいんですか!?
フム

まー最初はよくわからないよね
そーよそーよ
わからないのよ

投資先の商品について具体的に教えます！
投資商品いらんかね〜
?
?
それぞれ利回りの目安も見てみよう
わーーい

投資商品と期待利回り

商品	期待利回り
預貯金	0.001％～0.2％
債券	0.4％～4.5％※
株式	5.3％～9.2％※
投資信託	？％

- **預貯金**：お金を預けて利息を得る
- **債券**：国や企業にお金を貸して利息を得る
- **株式**：会社に出資して、配当金や売却利益を得る
- **投資信託**：プロが厳選した株式や債券に出資して利益を得る

こんな感じ！どれがいい？
国はちゃんと返してくれそうだから債券かな
う〜ん

※ JP モルガン・アセット・マネジメント㈱　2023 Long-Term Capital Market Assumptions より

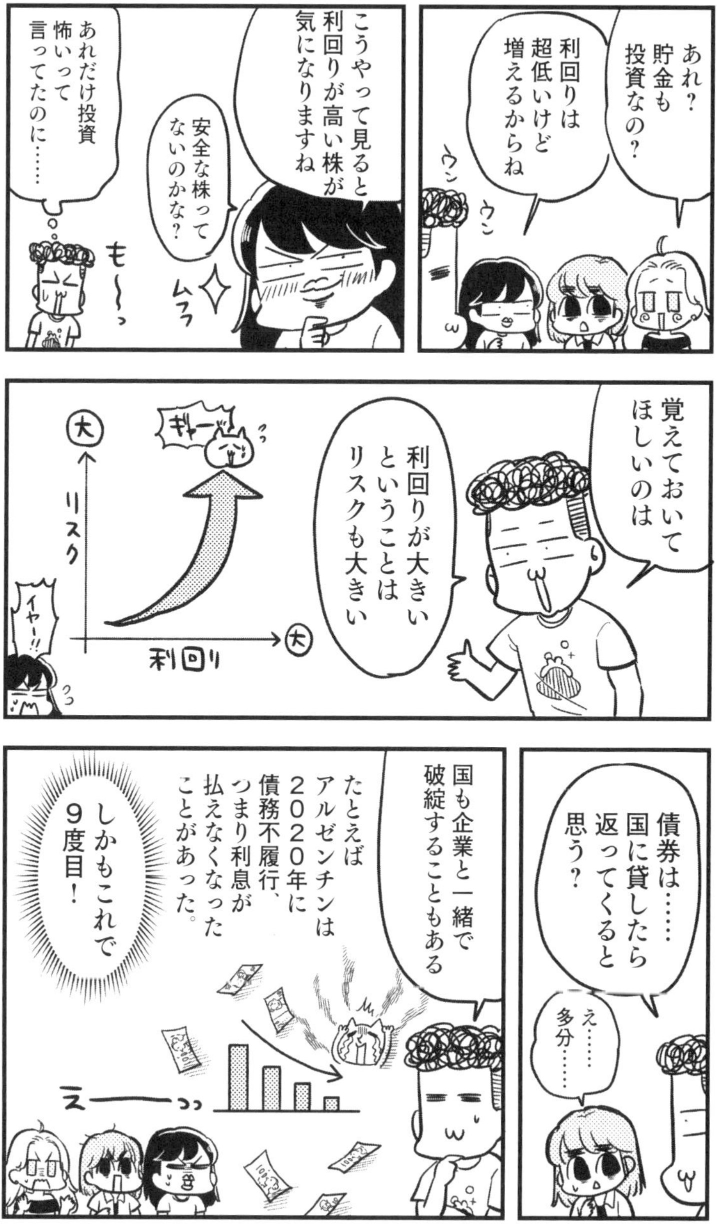
あれ？貯金も投資なの？
利回りは超低いけど増えるからね
ウンウン
こうやって見ると利回りが高い株が気になりますね
安全な株ってないのかな？
ムフフ
あれだけ投資怖いって言ってたのに……
も～っ
覚えておいてほしいのは
利回りが大きいということはリスクも大きい
ギャーッ
大
リスク
利回り
大
イヤー!!
債券は……国に貸したら返ってくると思う？
え……多分……
国も企業と一緒で破綻することもある
たとえばアルゼンチンは2020年に債務不履行、つまり利息が払えなくなったことがあった。
しかもこれで9度目！
え――っ

国が破綻って リスク高すぎ……
ゾー
不安定な国債は その分利回りが高い
リスクがあるものは うまみがないと 投資してもらえない からね
安定的な国や企業の 債券は利回りが低いよ！
リスク高
利回り大
国
リスク低
利回り小
じゃあこの 投資信託って なんですか？ ？％になってるけど
たとえば
投資信託 ？％
1万円を イケてる会社に 投資したとします
うぉーっ イケイケー!!
1万円！
あざーす
会社↓
その会社が倒産したら 1万円はゼロになります
ファアア…
ゼロ〜
ガーン
でも1万円を イケてる会社 100社に 100円ずつ 投資したら……
ズドドドド
1社つぶれても 100円しか 減らないよねっ
ゴメ〜ン
まあ たしかに
べっにええで

100円ずつ100社は
手数料がかかりすぎるし
現実的ではないけど
もっといっぱいくれー
それができるのが
投資信託
なにィ!
投資信託
イメージは株式の詰め合わせパック!
ひとつ買えばたくさんの株式が手に入る!
これもいいわねー
ひょい
ひょい
投資
信
はーい♡できあがり!
投資信託
=
株式詰め合わせパック
株式詰め合わせパックねー……
どう?すごいでしょ?
うきうき
むっ
って言うか…
そもそも株式ってなんですか?
えー!?
しらん!!

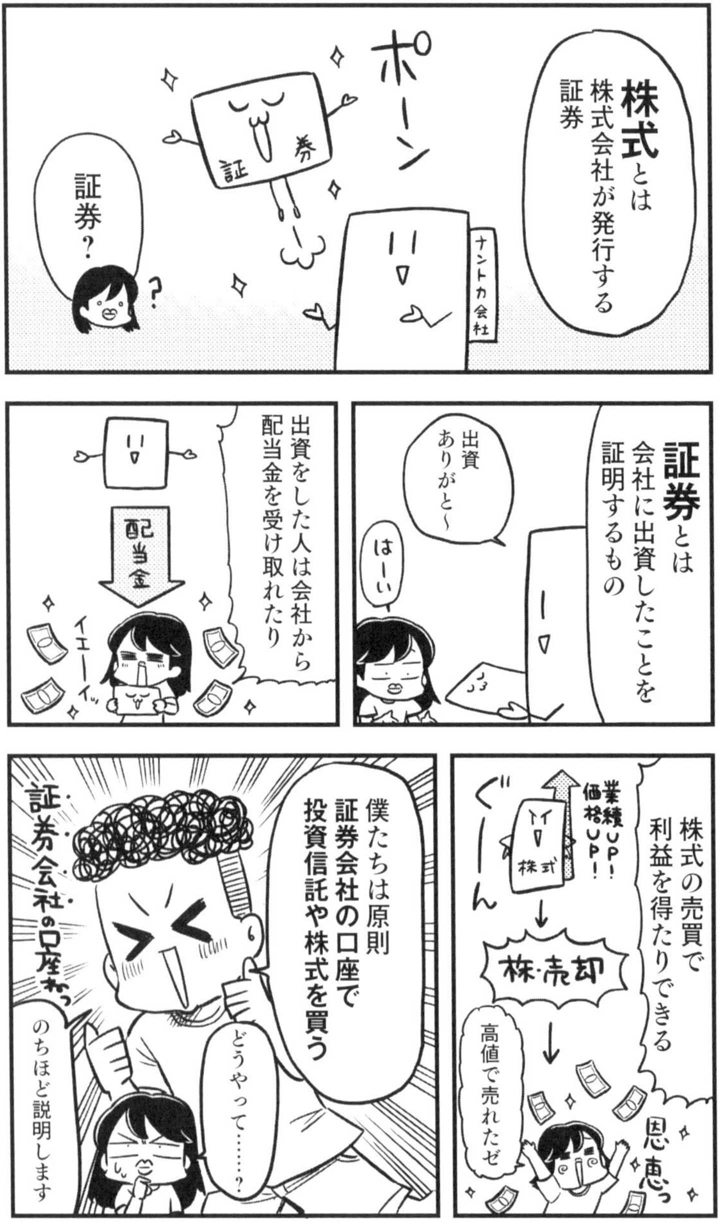
株式とは
株式会社が発行する
証券
ポーン
証券
ナントカ会社
証券？
証券とは
会社に出資したことを
証明するもの
出資
ありがと〜
はーい
出資をした人は会社から
配当金を受け取れたり
配当金
イエーーイッ
株式の売買で
利益を得たりできる
業績UP!
価格UP!
ぐーん
株式
株・売却
高値で売れたぜ
恩恵っ
僕たちは原則
証券会社の口座で
投資信託や株式を買う
どうやって……？
証券会社の口座ねっ
のちほど説明します

投資信託のこと もっと 聞きたいなー
ワィ ワィ
出番ない……
OK!
投資信託はファンドとも言う! 株式の詰め合わせパックを 買うようなもので
えっへん
どーん
そう 私プロなの♡
詰め合わせの パターンは プロが 選んでいる
詰め合わせ パックには 色々な種類がある
わー!っ
日本株式 詰め合わせ
世界中の株式 詰め合わせ
アメリカ株式 詰め合わせ
債券や不動産 も入った 詰め合わせ
なんか よさげじゃんっ
ほーっ
プロが 選んでいるなら 安心だねーっ
油断は禁物!
投資信託は 数千種類あるけど 割高でお得じゃない ものも多い!
うわーっ
たっか~っ
我ながら高い~っ
ドーン!!
どの投資信託を 選ぶかは すごく重要

＜投資信託と株式の違い＞

	投資信託	株式
内容	株式や債券の詰め合わせ	株式
運用方法	プロに選んでもらいお任せ	自分で選ぶ
いくらから	少額から OK	少額からは投資しづらい
リスク	投資先が分散されるので、リスクは低め	1社集中投資になるので、リスクは高め
リターン	安定的なリターンが期待できるが、大きなリターンは期待薄	うまくいけば大きなリターンを期待できるが、投資する会社が倒産すれば価値ゼロ

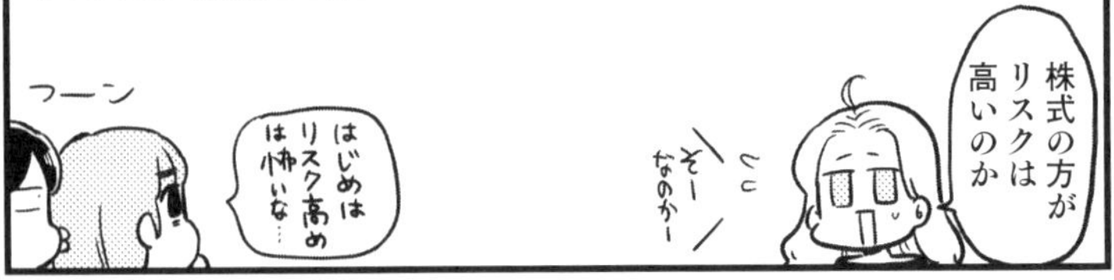
株式の方がリスクは高いのか
そーなのかー
はじめはリスク高めは怖いな…
フーン

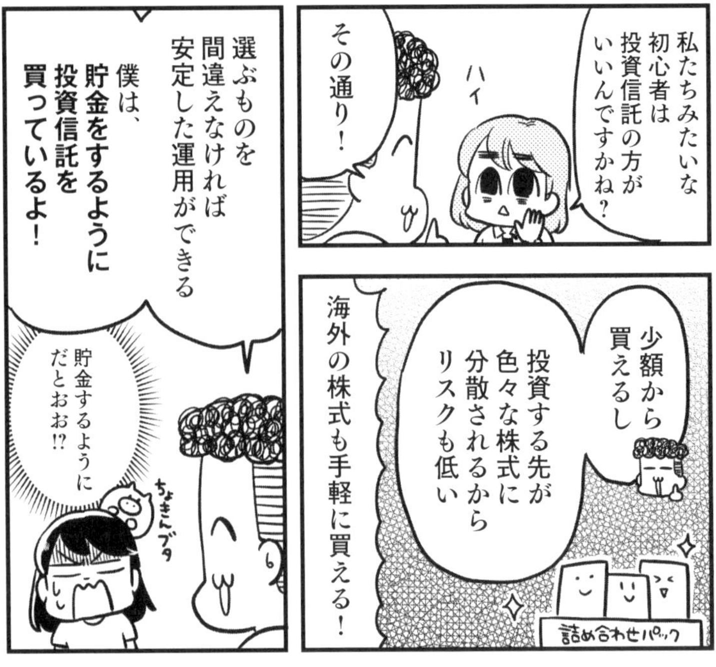
私たちみたいな初心者は投資信託の方がいいんですかね？
ハイ
その通り！
少額から買えるし
投資する先が色々な株式に分散されるからリスクも低い
海外の株式も手軽に買える！
詰め合わせパック
選ぶものを間違えなければ安定した運用ができる
僕は、貯金をするように投資信託を買っているよ！
貯金するようにだとおお!?
ちょきんブタ

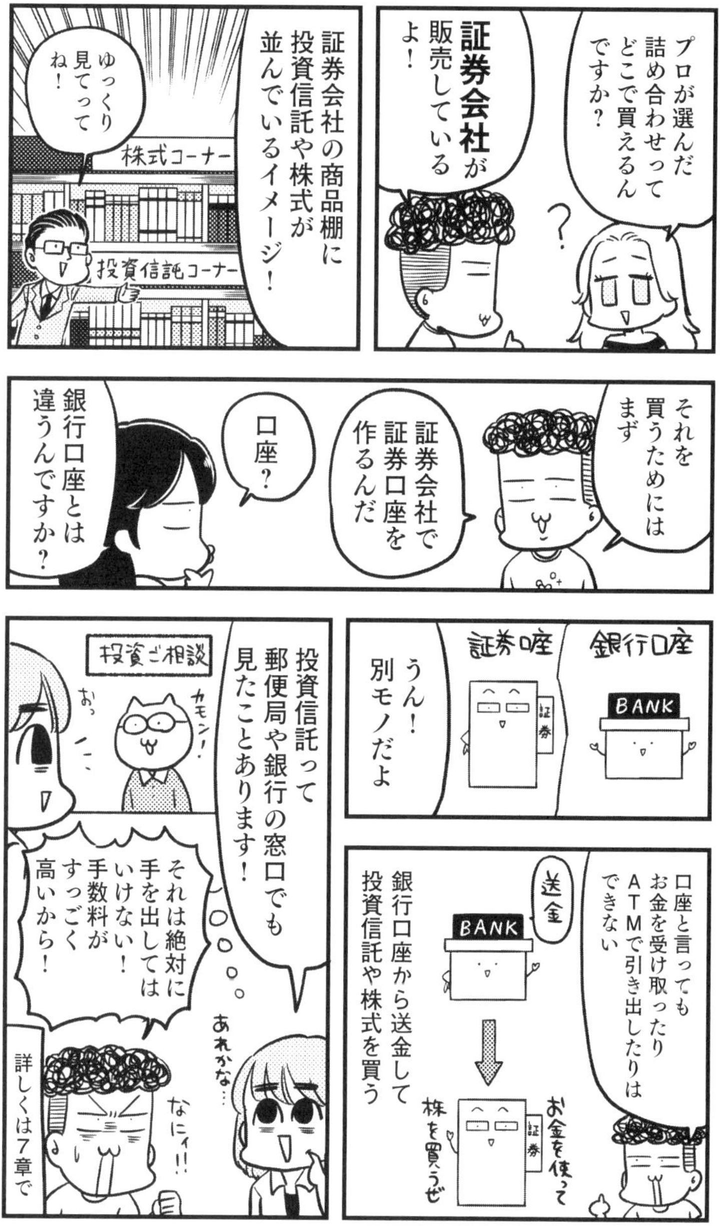

プロが選んだ詰め合わせってどこで買えるんですか?
?
証券会社が販売しているよ!
証券会社の商品棚に投資信託や株式が並んでいるイメージ!
ゆっくり見てってね!
株式コーナー
投資信託コーナー
それを買うためにはまず
証券会社で証券口座を作るんだ
口座?
銀行口座とは違うんですか?
銀行口座
BANK
証券口座
証券
うん!別モノだよ
口座と言ってもお金を受け取ったりATMで引き出したりはできない
送金
BANK
銀行口座から送金して投資信託や株式を買う
お金を使って
株を買うぜ
証券
投資信託って郵便局や銀行の窓口でも見たことあります!
投資ご相談
カモン!
おっ
あれかな…
それは絶対に手を出してはいけない!手数料がすっごく高いから!
なにィ!!
詳しくは7章で

株価や指数が意味すること

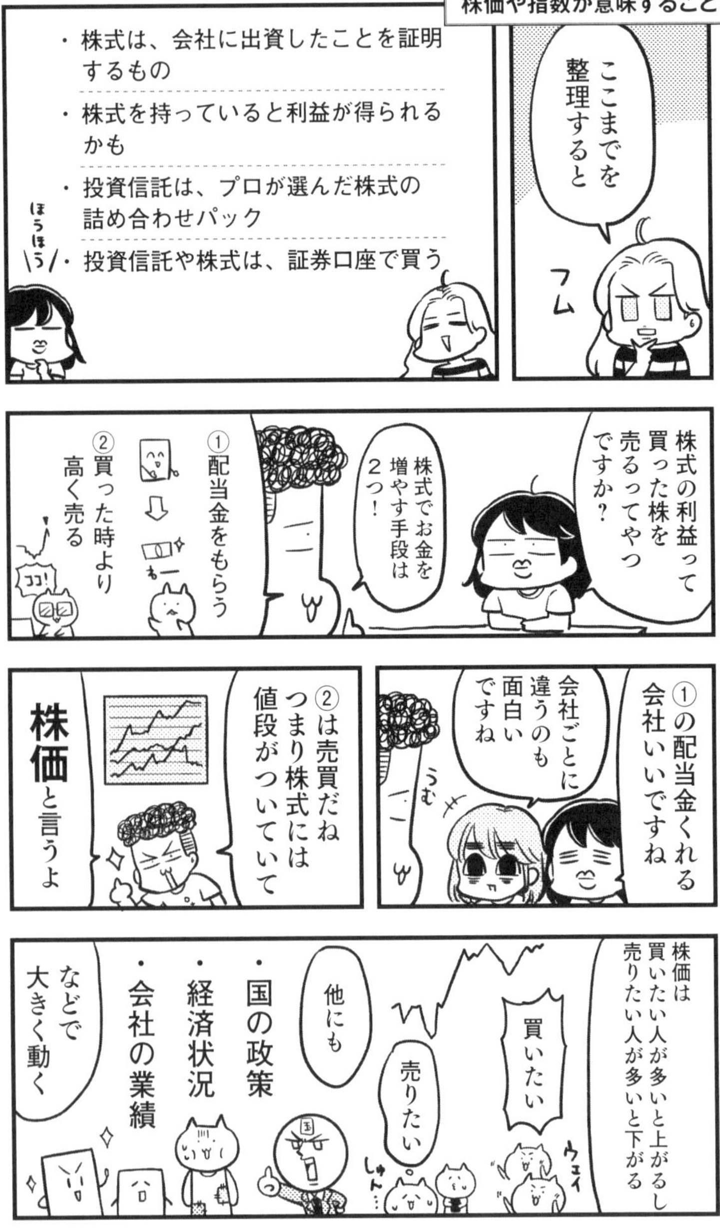

ここまでを整理すると
フム
・株式は、会社に出資したことを証明するもの
・株式を持っていると利益が得られるかも
・投資信託は、プロが選んだ株式の詰め合わせパック
・投資信託や株式は、証券口座で買う
ほうほう
株式の利益って買った株を売るってやつですか？
株式でお金を増やす手段は２つ！
①配当金をもらう
②買った時より高く売る
ココ!
①の配当金くれる会社いいですね
会社ごとに違うのも面白いですね
うむ
②は売買だね つまり株式には値段がついていて
株価と言うよ
株価は買いたい人が多いと上がるし売りたい人が多いと下がる
買いたい
売りたい
ウェイ
しゅん…
他にも
・国の政策
・経済状況
・会社の業績
などで大きく動く

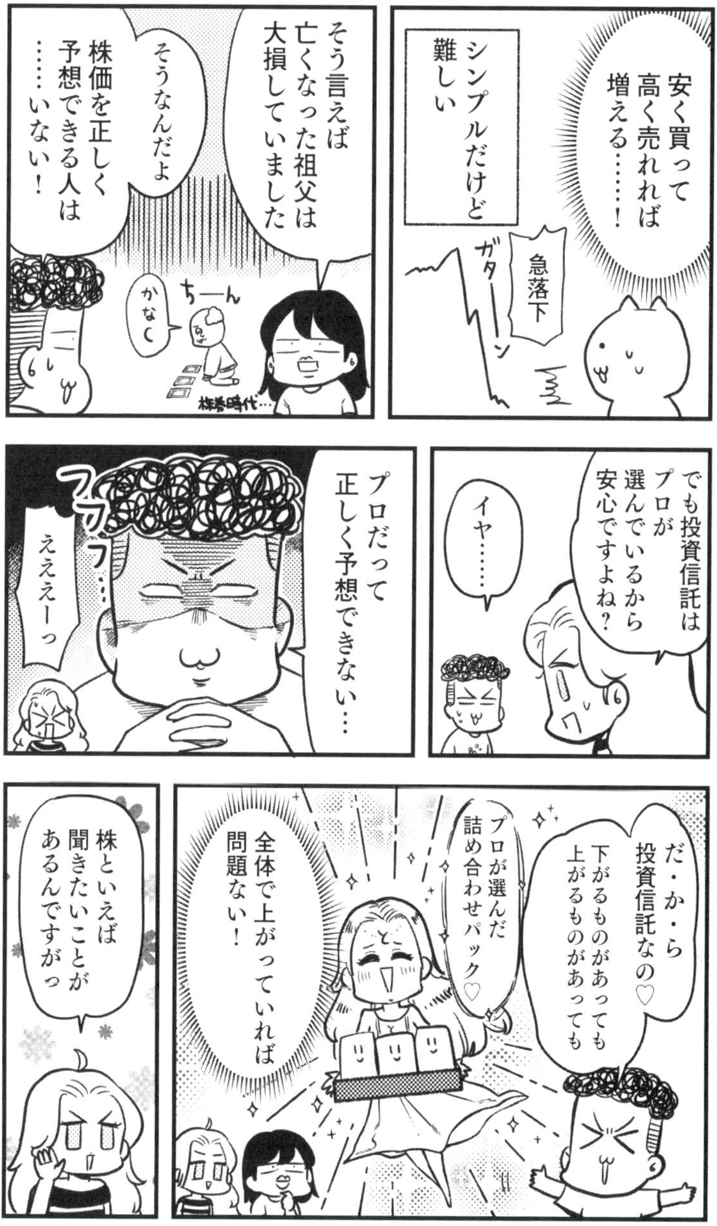
安く買って高く売れれば増える……！
急落下
ガターン
シンプルだけど難しい
そう言えば亡くなった祖父は大損していました
ちーん
かなし
株券時代…
そうなんだよ株価を正しく予想できる人は……いない！
でも投資信託はプロが選んでいるから安心ですよね？
イヤ……
プロだって正しく予想できない…
フフフ…
えええーっ
だ・か・ら投資信託なの♡
下がるものがあっても上がるものがあっても
プロが選んだ詰め合わせパック♡
全体で上がっていれば問題ない！
株といえば聞きたいことがあるんですがっ

ニュースで当たり前のように出てくる数字の意味がわかりません！
現在値 21015.18
前日比 +104.57
速報！
日本平均株価900円値下がり
こういうの→
わからない
そうそう
ダウ！
知ってる単語言ってるだけだ……
あの数字は「日本全体」や「アメリカ全体」みたいなグループに対する平均を表している！
よく出てくるのはこの5つ！
ほーん

日本の主要指数

● **日経平均株価**
……東証一部に上場している企業のうち、選ばれし225社の平均株価※

● **TOPIX（東証株価指数）**
……東証一部に上場している、すべての企業の株価の動向を反映する指数

アメリカの主要指数

● **NY ダウ**
……アメリカで上場している企業のうち、選ばれし30社の平均株価※

● **ナスダック総合指数**
……アメリカの新興企業を中心とした株価の動向を反映する指数

● **S&P500**
……アメリカで上場している企業のうち、選ばれし500社の株価の動向を反映する指数

※ 業種のバランスや急な変動等を考慮しているので、純粋な平均ではない

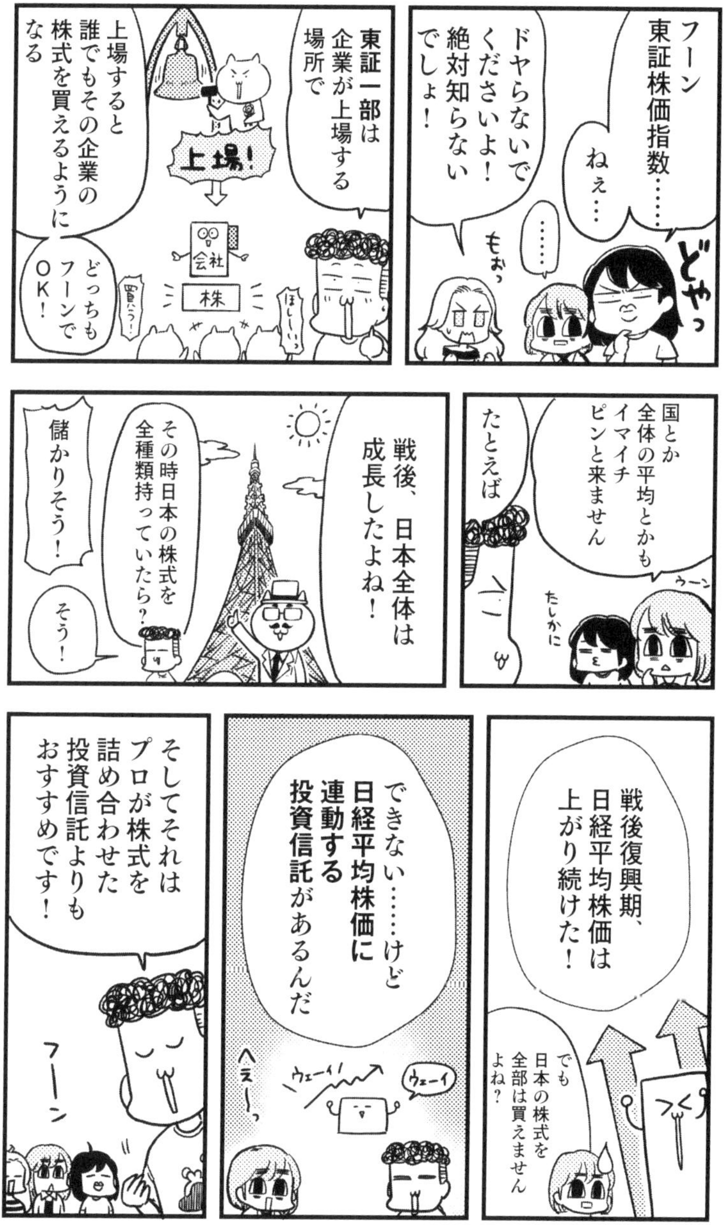
フーン
東証株価指数……
ねぇ……
どやっ
ドヤらないでくださいよ！絶対知らないでしょ！
……
もおっ
東証一部は企業が上場する場所で
上場！
上場すると誰でもその企業の株式を買えるようになる
会社
株
ほしいっ
買おう！
どっちもフーンでOK！
国とか全体の平均とかもイマイチピンと来ません
ウーン
たとえば
たしかに
戦後、日本全体は成長したよね！
その時日本の株式を全種類持っていたら？
儲かりそう！
そう！
戦後復興期、日経平均株価は上がり続けた！
でも日本の株式を全部は買えませんよね？
できない……けど日経平均株価に連動する投資信託があるんだ
ウェーイ！
ウェーイ
へぇ～っ
そしてそれはプロが株式を詰め合わせた投資信託よりもおすすめです！
フーーン

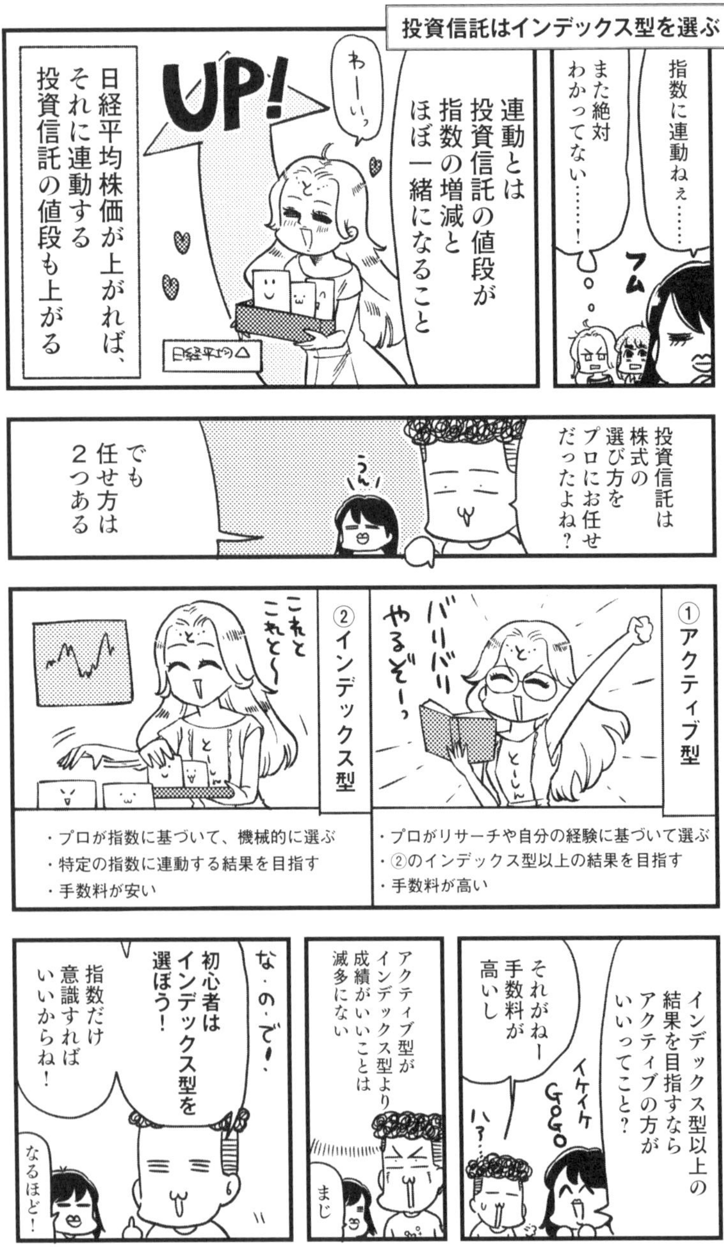

投資信託はインデックス型を選ぶ
指数に連動ねぇ……
また絶対わかってない……!
フム
連動とは投資信託の値段が指数の増減とほぼ一緒になること
わーいっ
UP!
日経平均株価が上がれば、それに連動する投資信託の値段も上がる
日経平均△
投資信託は株式の選び方をプロにお任せだったよね？
うん
でも任せ方は2つある
①アクティブ型
バリバリやるぞーっ
・プロがリサーチや自分の経験に基づいて選ぶ
・②のインデックス型以上の結果を目指す
・手数料が高い
②インデックス型
これとこれと〜
・プロが指数に基づいて、機械的に選ぶ
・特定の指数に連動する結果を目指す
・手数料が安い
インデックス型以上の結果を目指すならアクティブの方がいいってこと？
イケイケGOGO
それがねー手数料が高いし
ハア…
アクティブ型がインデックス型より成績がいいことは滅多にない
まじ
な・の・で!
初心者はインデックス型を選ぼう!
指数だけ意識すればいいからね!
なるほど!

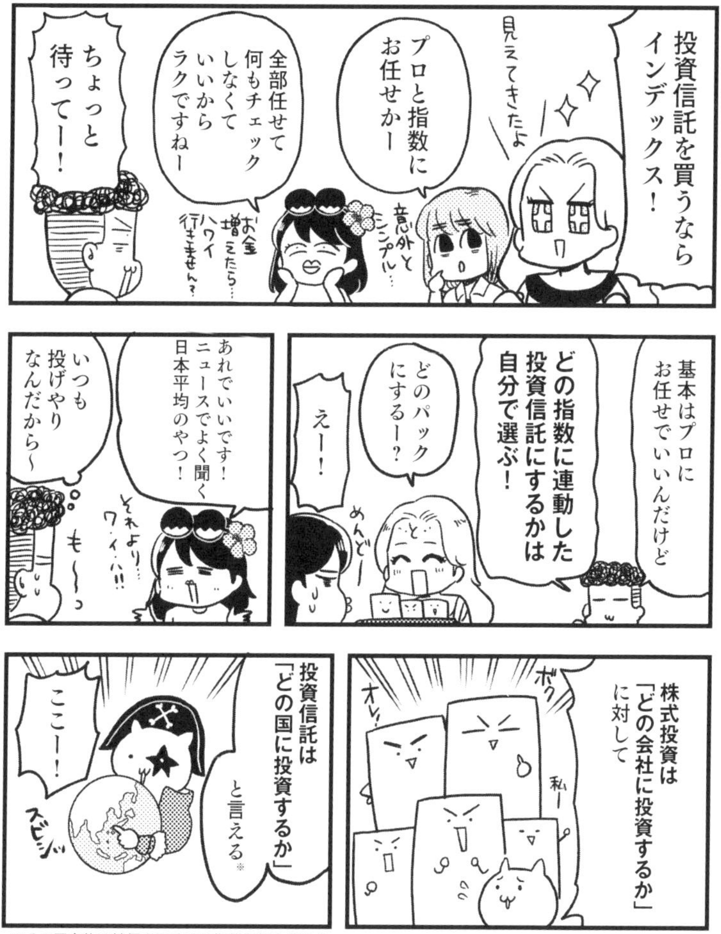
投資信託を買うならインデックス！
見えてきたよ
プロと指数にお任せかー
意外とシンプル…
全部任せて何もチェックしなくていいからラクですねー
お金増えたら…ハワイ行きませんか？
ちょっと待ってー！
基本はプロにお任せでいいんだけど
どの指数に連動した投資信託にするかは自分で選ぶ！
どのパックにするー？
めんどー
えー！
あれでいいです！ニュースでよく聞く日本平均のやつ！
それより…ワ・イ・ハ!!
いつも投げやりなんだから～
も～っ
株式投資は「どの会社に投資するか」に対して
ボク
オレ
私ー
投資信託は「どの国に投資するか」と言える※
ここー！
ズビシッ

※その国全体の株価を反映する指数を選んだ場合

たとえば日経平均に連動する投資信託は日本全体に投資するイメージ
はーん
おーん
日本
S&P500はアメリカ全体に投資するイメージだよ
へーアメリカか～

外国のはよくわからないので日本にしておきますね！
アハハ
1章で…
あれ
これから先日本はイマイチって言ってなかった？
ハッ
日本イマイチって言ってるわ！
うーん
デロリ
昔は、外国の株式や投資信託を買うのは大変だった！
でも今は誰でもスマホひとつで買える時代！
外国ーッ
うーん…そうか…
世界情勢とか見ておくといいのかな？
と言っても悩むと思うのでコツを教えるよ！
どの指数を選ぶかは過去の成績を参考にするとよい！
成績？
日経平均株価
（日経平均プロフィルHPの数字をもとにグラフ作成）
バブル崩壊
バブル崩壊ヤバーイ!!
・バブル期など、買う時期によっては、30年間持っていても増えないことも
・「時間とともに右肩上がり」とは言えない

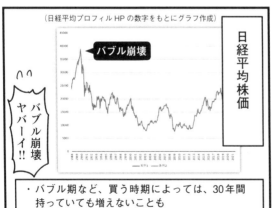

90年代に買っている人は全く複利の力を活かせていないから
団塊の世代だと投資=損のイメージを持っている人が多い
ヒイィィ!
株? ゲロゲロ〜
バブルの人
グラフの上下が激しくて買うタイミングとか難しそうですね……
次はアメリカを見てみようか!

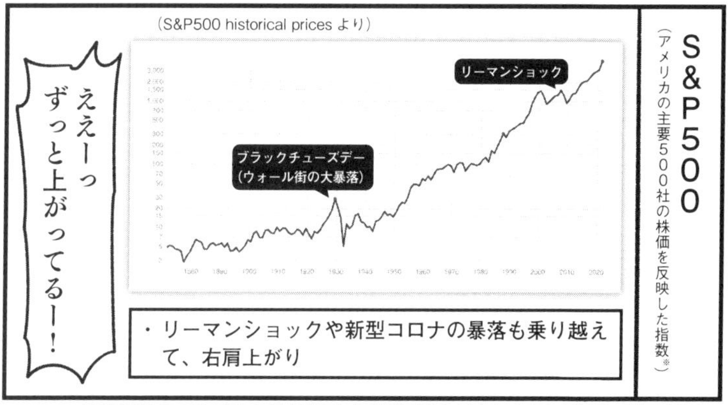

S&P500
(アメリカの主要500社の株価を反映した指数※)
(S&P500 historical prices より)
リーマンショック
ブラックチューズデー
(ウォール街の大暴落)
・リーマンショックや新型コロナの暴落も乗り越えて、右肩上がり
ええーっ ずっと上がってるー!

※S&P500は、1941年から1943年における平均指数を10として、それと比較して算出される。

過去70年のうちどのタイミングで買っても15年以上持ち続ければ
絶対プラスになっている!
絶対にプラス!? すごーい!
ストローング!
すごっ
ちなみにS&P500は1957年に選定された企業から何百社も入れ替えが行われている
えっへん。
厳しいプロの目で選定している!
信頼度高し!

もちろん過去の数字が未来でも続くとは限らない
HAHA HA…
わーっ
けれど
世界を見渡すとアメリカは強い！
DOOOON!!
むきーっ
アメリカの強さ
先進国で唯一人口が増える見込み
oh〜
ヨチヨチ♡
現時点で世界を席巻するのはアメリカ企業！
GAFAM
-Microsoft
-Amazon
-Meta(元Facebook)
-Apple
-Google
まさにこの漫画はAppleのiPadで描いてます
ちなみにS&P500の構成の一部はこんな感じ
フフフ
コレ
＜S&P500の銘柄例＞
Apple
Microsoft
Amazon
Meta（元Facebook）
Google
テスラ
JP モルガン
ジョンソン＆ジョンソン
S&P500に連動する投資信託を買うことはAppleに投資しているとも言える
なんかかっこいいー！

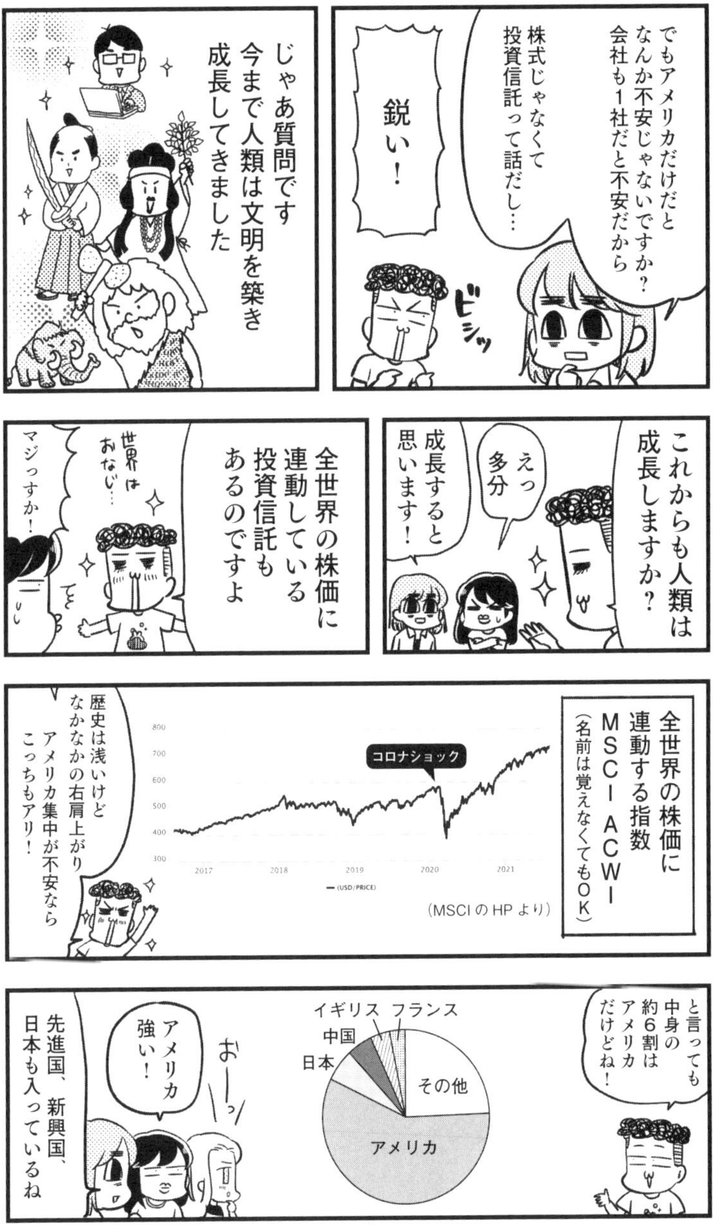
でもアメリカだけだとなんか不安じゃないですか？会社も1社だと不安だから
株式じゃなくて投資信託って話だし…
鋭い！
ビシッ
じゃあ質問です今まで人類は文明を築き成長してきました
これからも人類は成長しますか？
えっ多分
成長すると思います！
全世界の株価に連動している投資信託もあるのですよ
世界はおなじ…
マジっすか！
全世界の株価に連動する指数MSCI ACWI（名前は覚えなくてもOK）
800
700
600
500
400
300
2017
2018
2019
2020
2021
コロナショック
(USD/PRICE)
（MSCIのHPより）
歴史は浅いけどなかなかの右肩上がりアメリカ集中が不安ならこっちもアリ！
と言っても中身の約6割はアメリカだけどね！
イギリス
フランス
中国
日本
その他
アメリカ
おーーっ
アメリカ強い！
先進国、新興国、日本も入っているね

投資信託って
お得パックみたいですね！
理解できてきました！
良い……
おでん
ポテト
これは食べ物の
お得な詰め合わせパック…♡
で、
結局
投資信託は
どれを選べばいいか
教えてくださーい♡
えへー♡
よろしく
お願いしまーすっ
少しは自分で
悩もうよ！
もーっ
過去のデータを
見る限りは
S&P500など
アメリカ全体に
連動した指数
or
全世界に連動した指数
が、
おすすめです
やっぱりねー
アメリカ強いんですよー
詳しい
銘柄選びは
またあとで！
おーし！
大河内さんを
信じるぞーっ
探したら
きしますわ♥
ウム

突然ですが（ページが余ったため）

番外編！メルカリの(自称)達人による

メルカリの売るコツを伝授

グフフ

メルカリんじゅ先生！
金ねぇしメルカリするか…
お前って本当にダメ人間だよな〜
だら
だら
いらないものの写真を、いろんな角度で3枚以上とる。
パシャ
商品のサイトなどから説明をコピペそして、なんで出品したか書くのがミソ
いろんなものをためしているため…と。
出品！
ピローン
あれ
売れたわ
売れたの？早くね？
amazonの紙のふくろ
ガムテはココのみでOK
手間な梱包はアマゾンの袋を捨てずにとって置くのがいい
逆にこれに入らないものは出品しないのも手ですな
ペラ
ペラ
くわしいな…
漫画なんてボツにされたら0円なんだからメルカリの方がやる気出るよね！
ちゃんとやれよ
日曜午後と平日夜が売れると思う
売る物がない場合は友達のひっこし時に不要品をもらえ!!
本当にボクの不用品出品してその場で売るんですよ……。

投資というより貯株！
あらためて指数を見ると上がったり下がったり……
う〜ん…
やっぱりちょっと怖いっスよねー
そうだよね気になっちゃうよね
ゔゔーーん
長期間投資をすれば、必ず大きく下がる時もあるよ
でもそれ以上に大きく上がってきたことは歴史が証明している
歴史
ばーーん
おおっ
僕たちが目指すのはあくまでも年金の3階作り！
これ
厚生年金
2F
国民年金
1F
3F育てよう
わーい
じょろ〜
3F
貯金と一緒でコツコツ育てる！
そうだ忘れてた……
歴史的には15年以上の投資でS&P500は増えた
(S&P500 historical prices より)
つまり年金作りと相性がいい！
わーい
老後
やっててよかった！
一時的に減っても20〜30年後に増えていればいいからね
そうなのじゃー
そっかー

数年で増やしたいならあまりおすすめはできない
ギャンブルみたいなのは向いてないってことか……
ヒィ
投資信託は基本15年以上持ち続けることがポイント
時間を長くかけることでリスクを減らせる
投資信託は長期で持つこと！
でもせっかく稼いだお金を株式に変えるのは怖いな……
よう！ 黙って聞いてたけどさ
ザッ
現金しか持たないのは生涯1人の男としか付き合わないようなものだぞ
いいたとえですねっ
ボクにはできない
フン
いろんな株式があるように
男も、いい男とヤバイ男がいる！
おっぱい～
もう失礼だよ
ヤバイ
フツー
見極めるには経験もいる
投資は危ないってのはすべての男が危ないと言ってるようなもんだ！
まずはリスクが小さいものから始めるといい
ま、男ってのはみんなヤバイものだけどで♥
おお…

ちなみに いろんな投資の 中でも
投資信託は 平均的な男 って感じかなー
アーン
なーる
投資の中で言うと… 投資信託は安パイ ってことですか
あと 投資信託は 貯金と同じ 感覚かも！
ウム
老後のために 貯金をする
老後のために 投資信託で お金を貯める
老後まで 持ち続けるから 貯金とそんなに 変わらない
つめあわせ
しかも過去のデータでは 増えているんだよ！
買ったらほったらかし…… たしかに貯金みたい
投資というよりは 貯株!!
もちろん過去のデータを 未来で再現できるかは 誰もわからない
でも世界全体は 今後も成長するような 気がしない？
ドン!!

成長する気がするーー！
うん。
スマートフォンだって発売当時はこんなに普及すると思わなかった！
ムッフッフ
でも今では生活になくてはならないものになっている
予想してなかったことが世界を変えた!!
だから、成長していく世界を信じられるなら
ハハハハ…
国
そこに投資することは自分のお金を守ることにつながる！
世界の成長楽しみ！
世界のルールや投資の仕組みがわかると意外と怖くないかも！
持っているだけなら私でもできそう♡
でも世界が大きく変わってアメリカが弱くなったらどうしよう……
私、絶対気づけなーい！
それなら！
はっ
世界の変動は僕がYouTubeで発信しているからいつでも聞きにきて！
幸あれ!!
宣伝かーい

iDeCo と NISA、始めるならどっち？

じゃあ何から始めればいいですかー？
まずは国の制度を使ってお得に投資信託を買おう！
わー
わー
国の制度……iDeCoやNISAでしたっけ？
呼んだ？運用するよっ
お役に立てて、うれしいですっ
ニーサくん
イデ子
正解！
働き方や、どんなスタイルで投資するかで変わってくるよ！
iDeCo
NISA
どっちもできたらベストだけど
まずは自分に合った方から！
私は会社員で毎月貯金もしているからガッツリやりたいかも
私は転職したばかりだし、まずはお試しで少しだけやりたいかな
フリーランスはこの先何があるかわからんからすべて貯株じゃー!!
ちょっと待ったー！
一番重要なのは生活資金を投資に回さないことー！
NO!
なにィ!!
貯金つぎこんだらお金なくなるじゃん
じゃあやるなって言うんですか？
いや生活資金を回さないでって言ってるの！

まずは2章で自分の状況を見直して手元のお金を増やすところから！
ちゃりーん
ヘイ
王道は生活費の6ヶ月～1年分を貯めてから投資を始めるのがベスト
毎月ちゃんと貯金をできている人はその何割かを投資に回すのもアリ
へーイ わかりましたっ
じゃあiDeCoとNISAどっちがいいの？
iDeCo? or NISA?
どっちもいい制度だけど違いがあるよ
iDeCoに向いている人
・60歳まで引き出せなくても大丈夫な人
・現在、所得税の税率が高い人（節税対策が効果的）
・厚生年金がないフリーランス
GOGO
わくっわくっ
NISAに向いている人
・少額から投資したい人（100円から可。※ iDeCoは5千円から）
・ズボラな人（iDeCoよりは手続きが楽）
よろーっ
併用が向いている人
・毎月合計5万円以上積み立てられる人（毎月5万円で30年間利回り5％の場合、投資額1800万円が4000万円以上になる！）
老後が…しんぱい…
ハイ…

※楽天証券の場合。通常は1000円～

最大の違いは節税のタイミングとお金を引き出せるかどうか！
ずーっとずっといっしょだよ♡
iDeCoはまさに年金なので一度始めると60歳まで引き出せない！
引き出せないの!?
NISAはいつでも引き出せるけど時間を味方につける投資だから途中の現金化はおすすめしません
引き続きボクもよろしくおねがいしますっ！
ペこ
レッツ長期投資♡
何をどうやって買うか不安がいっぱいだなー
大丈夫！ひとつずつ不安を解消していこう
合コンで投資してるか聞くのアリっすね！お金に強い人見つけられそう
……
あのー……
僕からひとつ豆知識……
クマがしゃべった……
合コンなら
「ふるさと納税いくらしている？」って聞くといいよ

ふるさと納税の額から
ざっくりとした
年収を逆算できる！
プカー
なんだってー!?

ふるさと納税額から見る
ざっくり年収早見表

ふるさと納税の額	予想給料年収
15,000円	200万円
28,000円	300万円
42,000円	400万円
62,000円	500万円
78,000円	600万円
109,000円	700万円
131,000円	800万円
158,000円	900万円
185,000円	1000万円
2,114,000円	5000万円
4,384,000円	1億円

※東京在住 30代独身　控除は特になし
※目安額の千円未満は四捨五入

絶対に次から
聞こうと
思います
ハーイ
ふるさと納税額か〜っ
聞こ〜♡
ウケる！
うん〜

よーし！
NISAとiDeCoを使って
投資に挑戦しますか！
おーっ
ってお〜い！
聞いてる!?
年収高い人ゲットしたーいっ
ワイ
ワイ

ＦＩＲＥという言葉が一人歩きしている話

ＦＩＲＥしたい人が増えている背景

２０２１年の初頭から、「ＦＩＲＥ」という単語をよく目にするようになりました。テレビなどでも「若者たちの憧れ！」と特集が組まれ、視聴率が取れる＝世間からの注目度が高いんだなぁと、感じます。ＦＩＲＥの中身は、**Financial（経済）Independence（独立）Retire（退職）Early（早期）**。その頭文字を取ってＦＩＲＥ。**経済的自由を手に入れて早期退職をすること**です。

メディアがこぞって取り上げようとも、ほとんどの人が達成できないので流行るものではありません。つまり、言葉だけが一人歩きしています。

早期退職するかはさておき、経済的自由とは「資産から生み出す収入が生活費を超えること」です。本書の文脈で言うなら、投資が生み出す利益が生活費を超えればＯＫ。

ちなみに月の生活費が20万円だとしたら、年間で２４０万円。６０００万円の投資から毎年５％の配当金をもらえれば、年間３００万円。そこから税金で20・３１５％引かれて、約２４０万円。現在の年収と同じくらいは欲しいと思うなら、投資額がもっと必要になる人が多く、難易度はかなり高いです。

僕はＦＩＲＥという言葉が一人歩きしているのを見て、危険だなぁと感じています。

①メディアは不労所得という言葉で煽っている

ＦＩＲＥのためには、働かずして収入を得る仕組みが必要です。「不労所得」で間違いはないのですが……なんか裏技があるって勘違いを誘発しそうじゃないですか？　その中身はコツコツと努力で積み上げる堅実なものだし、簡単ではないのに。

不労所得は資産所得。不動産や株式から生まれる収入です。ＦＩＲＥを語るなら、本書で説明しているお金の基礎も合わせて語って欲しいですね。

②社会が労働から逃げるようにＦＩＲＥに憧れる

現代社会ではＦＩＲＥは現実離れしています。1億円相当の投資をすることは、そう簡単にできるものではありません。言葉としてこれだけ流行ってしまうということは、社会全体が働くことに疲れているのかなぁと。ＦＩＲＥという結論だけを教えても、社会は変わらないどころか、できないものに憧れ、労働意欲をなくし、いいことはありません。やはり結論だけでなく、投資などの基礎知識を教えることが優先です。

③人生の目的は何なのか？

労働から逃げたいと思う瞬間があるのは、痛いほどわかります。僕も会社員時代は残業が大変でくじけそうになったことがあります。ＦＩＲＥを目指したくなる気持ちもわかります。

けれど、僕たちの人生は長いです。あなたの人生の目的はなんですか？　それを中心に据えてＦＩＲＥが最適なのかを考えてみてください。

ＦＩＲＥは難易度が高いので、達成のためにかなりの時間と労力を費やすことになりますし、目指すことが生活の中心になりかねません。その時間と労力を最優先に費やすべき、もっと人切な何かがあるのでは？　と思うのです。

説教みたいになって恐縮です。ただひとつ確かなことは、**ＦＩＲＥを正しく語れるのも目指せるのも、お金について学んだ人だけ**です。株式投資や不動産投資について学び、どのくらいの資産で経済的自由を手にできるのか、そのリスクや可能性をしっかりと分析できるくらいにならないと、自分の未来にＦＩＲＥという選択肢は永遠にありません。

本書を手に取ってくれたあなたは、選択肢を持っています。ゆっくりと自分の人生と向き合って、考えてみてください。

4章のまとめ

◎主な投資商品に「預貯金」「債券」「投資信託」「株式」などがある

◎投資信託は、プロが選んだ株式の詰め合わせパック！

◎投資信託は、指数に連動した「インデックス型」を選ぶ！

お金を守るポイント

守る　投資信託は、貯金のような感覚で15年以上積み立てる！（＝貯株！）

守る　世界の成長を信じられるなら、「アメリカ」か「全世界」の指数に連動したインデックス投資がおすすめ！

5章

NISA
実践編

ドルコスト平均法とは？

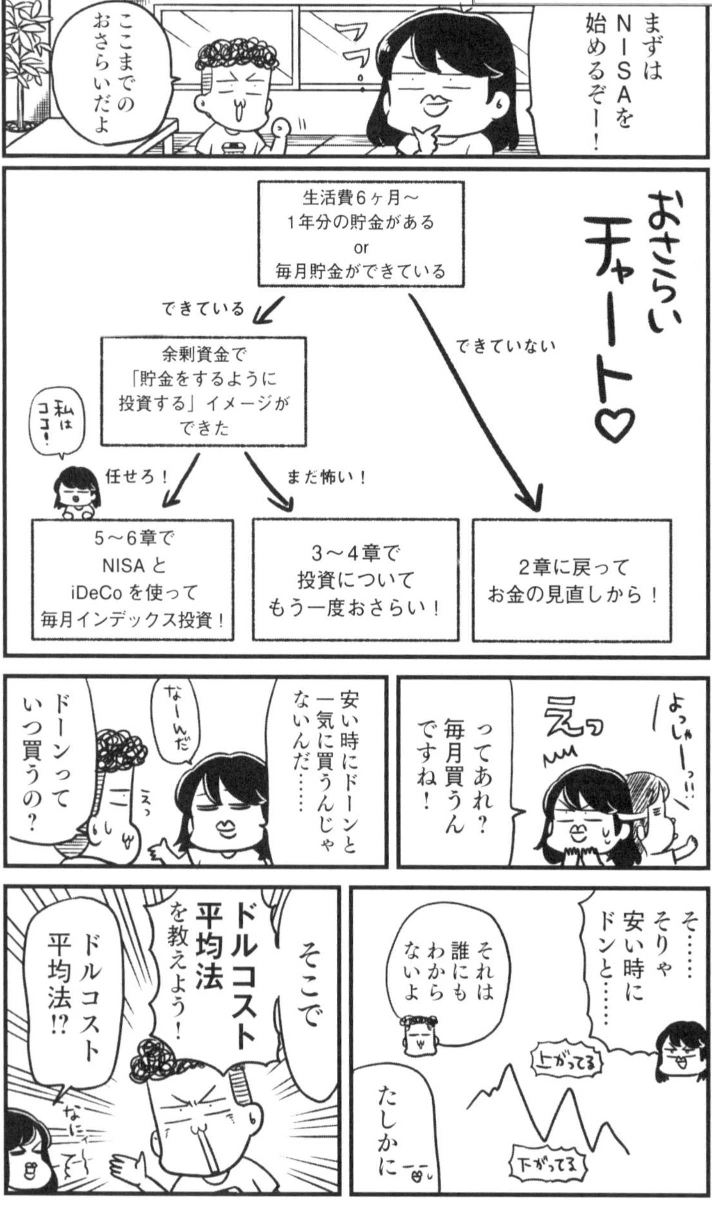
まずはNISAを始めるぞー！
フフ。
ここまでのおさらいだよ
おさらいチャート♡
生活費6ヶ月〜1年分の貯金がある or 毎月貯金ができている
できている
できていない
余剰資金で「貯金をするように投資する」イメージができた
私はココ！
任せろ！
まだ怖い！
5〜6章でNISAとiDeCoを使って毎月インデックス投資！
3〜4章で投資についてもう一度おさらい！
2章に戻ってお金の見直しから！
よっしゃーっ!!
えっ
ってあれ？毎月買うんですね！
安い時にドーンと一気に買うんじゃないんだ……
なーんだ
えっ
ドーンっていつ買うの？
そ……そりゃ安い時にドンと……
それは誰にもわからないよ
上がってる
下がってる
たしかに
そこでドルコスト平均法を教えよう！
ドルコスト平均法!?
なにィ

サンクチュアリ出版＝本を読まない人のための出版社

はじめまして。サンクチュアリ出版・広報部の岩田梨恵子と申します。この度は数ある本の中から、私たちの本をお手に取ってくださり、ありがとうございます。…って言われても「本を読まない人のための出版社って何ソレ??」と思った方もいらっしゃいますよね。なので、今から少しだけ自己紹介させてください。

ふつう、本を買う時に、出版社の名前を見て決めることってありませんよね。でも、私たちは、「サンクチュアリ出版の本だから買いたい」と思ってもらえるような本を作りたいと思っています。そのために"1冊1冊丁寧に作って、丁寧に届ける"をモットーに1冊の本を半年から1年ほどかけて作り、少しでもみなさまの目に触れるように工夫を重ねています。

そうして出来上がった本には、著者さんだけではなく、編集者や営業マン、デザイナーさん、カメラマンさん、イラストレーターさん、書店さんなどいろんな人たちの思いが込められています。そしてその思いが、時に「人生を変えてしまうほどのすごい衝撃」を読む人に与えることがあります。

だから、ふだんはあまり本を読まない人にも、読む楽しさを忘れちゃった人たちにも、もう1度「やっぱり本っていいよね」って思い出してもらいたい。誰かにとっての「宝物」になるような本を、これからも作り続けていきたいなって思っています。

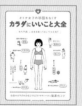

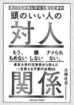

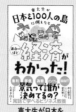

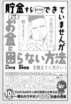

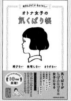

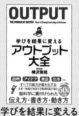

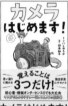

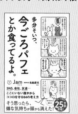

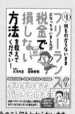

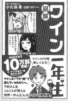

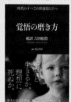

クラブS
会員さまのお声

読みやすい本ばかりでどの本も面白いです。

会費に対して、とてもお得感があります。

電子書籍読み放題と、新刊以外にも交換できるのがいいです。

サイン本もあり、本を普通に購入するよりお得です。

来たり来なかったりで気長に付き合う感じが私にはちょうどよいです。ポストに本が入っているとワクワクします。

自分では買わないであろう本を読んで新たな発見に出会えました。

オンラインセミナーに参加して、新しい良い習慣が増えました。

何が届くかわからないわくわく感。まだハズレがない。

本も期待通り面白く、興味深いものと出会えるし、本が届かなくても、クラブS通信を読んでいると楽しい気分になります。

読書がより好きになりました。普段購入しないジャンルの書籍でも届いて読むことで興味の幅が広がりました。

自分の心を切り開く本に出会いました。悩みの種が尽きなかったのに、そうだったのか！！！ってほとんど悩みの種はなくなりました。

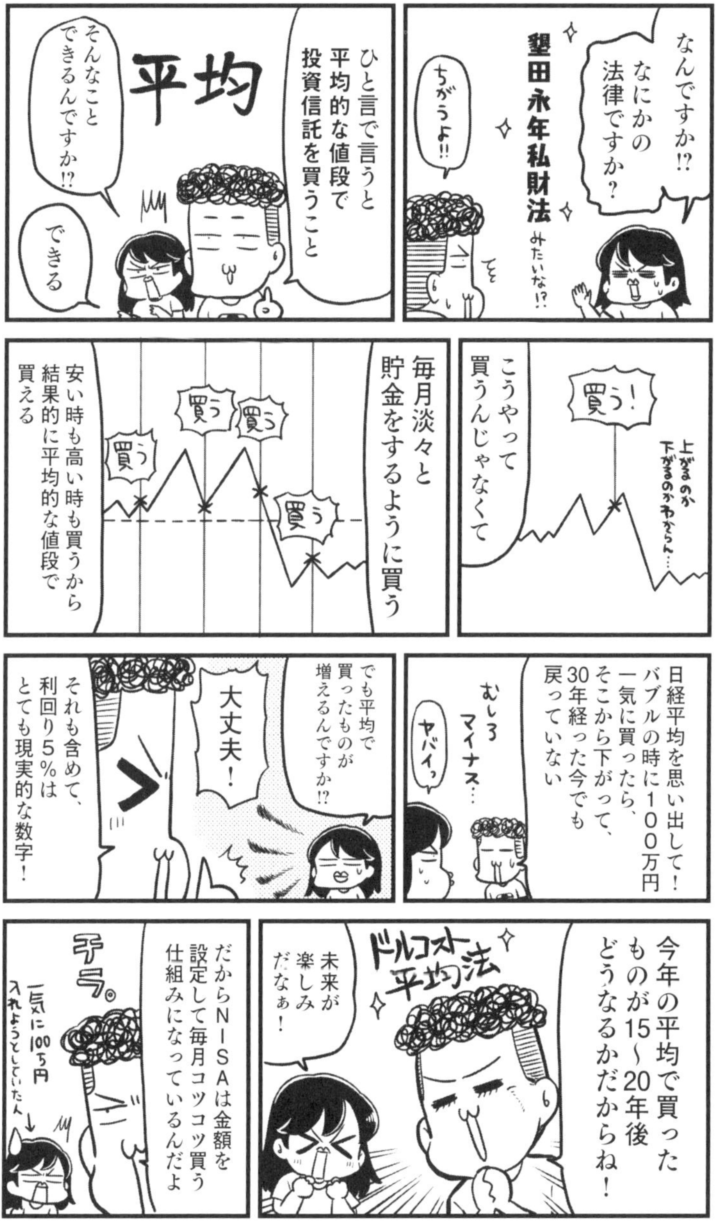
なんですか!?
なにかの法律ですか？
墾田永年私財法
みたいな!?
ちがうよ!!
ひと言で言うと平均的な値段で投資信託を買うこと
平均
そんなことできるんですか!?
できる
こうやって買うんじゃなくて
買う！
上がるのか下がるのかわからん…
毎月淡々と貯金をするように買う
買う
買う
買う
買う
安い時も高い時も買うから結果的に平均的な値段で買える
日経平均を思い出して！バブルの時に１００万円一気に買ったら、そこから下がって、30年経った今でも戻っていない
むしろマイナス…
ヤバイっ
でも平均で買ったものが増えるんですか!?
大丈夫！
それも含めて、利回り５％はとても現実的な数字！
今年の平均で買ったものが15～20年後どうなるかだからね！
ドルコスト平均法
未来が楽しみだなぁ！
だからNISAは金額を設定して毎月コツコツ買う仕組みになっているんだよ
チラ。
一気に100万円入れようとしていたん

「つみたて投資枠」と「成長投資枠」って？

あんじゅ先生は税金ってどう思う？
ぜ……？
ピクッ
税金ゆるすまじ……！
ゴゴゴゴ
……
税
投資信託で利益が出ても税金はかかるんだよ……
ギエエエエエエッ
あ、でもNISAは税金がかなり優遇されるよ！
NISA
NISAのNはニッポンのNっ
えへ
ニーサくん
エッッ!!
国が投資のために用意したものだからね！
なんと非課税なんだ！
NISA非課税
ぱぁぁぁ
なにィー！

＜ NISA の特徴＞

	つみたて投資枠	成長投資枠
年間投資上限	120万円	240万円
生涯限度額	合計で1800万円	
非課税期間	2024年以降、恒久化（ずっと非課税！）	
対象年齢	18歳以上の成人	
対象商品	投資信託	投資信託や株式など
大河内コメント	インデックス投資と相性◎	こっちも使うならつみたて投資枠と同じことをしよう※

※詳しくはコラムへ

非課税って税金払わなくていいってことですよね!?
やまやーんっ
えへ
そうだよ！本来20%かかる税金が全くかからない！
利益がプラスになって即引き出しても非課税!?
まーそうなんだけど…
何年経っても非課税ってことは……
僕らが目指す長期投資と相性が良いってこと！
未来
わーい
うよきょくせつ
コツコツやるぞっ
NISA開始
おーっ
長期投資……
複利!?
複利でガッポガッポ!?
そう！時間を味方にして複利！それでも非課税！
うぉぉぉ
さっきの表を見るとつみたて投資枠と成長投資枠があるけどどっちをすればいいの？
つみたて
成長
前のページの表をご確認ください
あ〜ん？
ズバリ……
つみたて投資枠でインデックス投資をする！
って覚えてねーっ!!
インデックス
つみたて
へぇ
でも成長投資枠の方がお金増えそうじゃない？
成長してやるーっ！
じゃあ質問！
月10万円投資できる？
は!? ビンボー人をなめているのか!?
ムリに決まってんじゃん!!

	つみたて投資枠	成長投資枠
年間投資上限	120万円	240万円
生涯限度額	合計で1800万円	

あ！成長投資枠なら月10万円以上できるよ！
だからー月10万円以上なんてムリなの!!
はっ!!
そんなに投資できないのに、わざわざインデックス投資以外に手を出す必要ないってことか……
でも毎月10万円はつみ立てるのはムリだよ～
大丈夫♡
ガラガラ
ばた ばた
つみたて投資枠の上限金額は月10万円だけど自分に見合った額をやればOKだよ！
100円からでもいいのです
Oh…
自分に見合った額の考え方は192ページへ！
えーい！月100円以上できるわ!!
ナメンなよーっ！
月、3千円！いや5千円……ぐぬぬ……
う～～ん
チャリン チャリン
キツかったら変更できるからね
ちなみに、成長投資枠は特定の会社の成長に賭ける短期トレード用みたいなイメージ！
君に決めた！
えっ私ですか!?
バン
短期トレード!? カッコイイ！

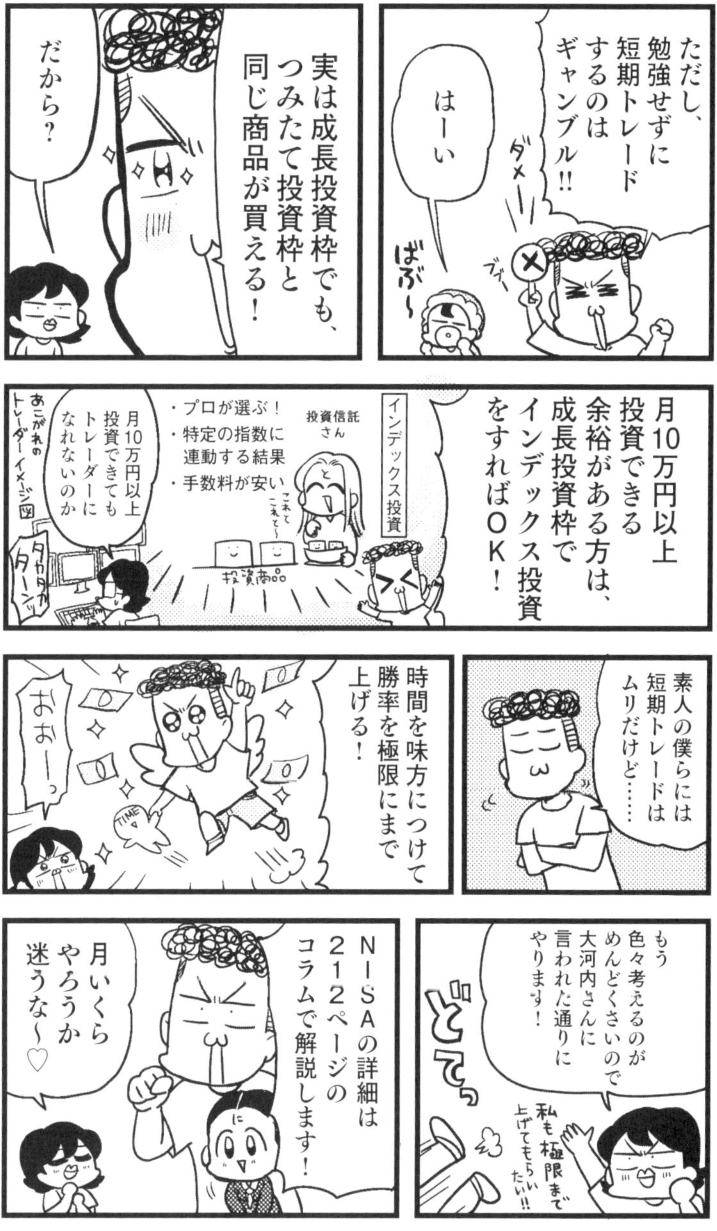
ただし、勉強せずに短期トレードするのはギャンブル!!
ダメー
ブブー
はーい
ばぶ〜
実は成長投資枠でも、つみたて投資枠と同じ商品が買える！
だから？
月10万円以上投資できる余裕がある方は、成長投資枠でインデックス投資をすればOK！
インデックス投資
投資信託さん
・プロが選ぶ！
・特定の指数に連動する結果
・手数料が安い
これてこれて〜
投資商品
月10万円以上投資できてもトレーダーになれないのか
あこがれのトレーダーイメージ図
タカタカターンッ
素人の僕らには短期トレードはムリだけど……
時間を味方につけて勝率を極限にまで上げる！
TIME
おおーっ
もう色々考えるのがめんどくさいので大河内さんに言われた通りにやります！
どてっ
私も極限まで上げてもらいたい!!
NISAの詳細は212ページのコラムで解説します！
月いくらやろうか迷うな〜♡

ネット証券で口座を開こう

NISAを始めるには
まず証券口座を開き
そこからNISAの口座を開く!
証券口座
証券口座
NISA口座
2つも口座がいるの!? めんどくせ~
口座を開く前に知っておくポイント
・まずは証券口座が必要
・証券口座を開設できる場所はこの3つ
（ネット証券／店舗型の証券会社／銀行）
・証券口座内にNISA口座を開く
まず初めに使っていく枠は、「つみたて投資枠」
・NISA口座は1人1つしか開けない
ひとりにひとつ…
BANK
NISA口座は開設すると1年単位でしか金融機関を変更できないし、複雑だから最初が重要!
じゃあネットよりお店か銀行窓口が安心かな
おまかせください♡
しんせつだな~っ
ちょっと待ってー!!
おすすめはネット証券一択だよ!
その理由を説明してくよ~
へー

NISAのつみたて投資枠で買えるのは
えへ
6000種類以上ある投資信託のうち
金融庁の審査をクリアした投資信託だけ!!
その数約200本※!
うおお〜っ
じゃあその200本から選べば安心ですね!
よーしよーし
そうとも限らない!
手数料が高かったり内容がイマイチだったり金融庁審査済とはいえここからさらに吟味が必要!
フフフ
しかも、ひとつの証券会社に200本すべてがあるわけではない!
NISA口座で買えるんじゃないの?
商品数の目安
●ネット証券会社
楽天証券・SBI証券：約170本
マネックス証券：約150本
●店舗型の証券会社
大和証券：約20本
野村證券：約7本
●銀行
みずほ銀行：約5本
ゆうちょ銀行：約9本
三菱UFJ銀行：約12本
（2024年1月現在）
どこで証券口座を開くかで買える商品数が違います
えーっ

※投資信託は一般的には〜本と数える

5本しか ない所も あるじゃん!
ネット証券の すごさが わかるよね
スチャッ
さらにネット証券は 手数料が安い!
店舗や窓口がない
=
人件費がかからない
その分 手数料が安い!
なんていい響き!!

おすすめネット証券

楽天証券

- 楽天カードでの投資が可能。ポイント投資も OK
- 楽天カード決済で、楽天ポイントが貯まる
- 画面が見やすく初心者向け

SBI 証券

- ネット証券最大手
- スマホアプリで管理がしやすい
- 今後、より複雑な投資をする可能性がある人向け

初心者には 楽天証券がおすすめ! 画面操作がわかりやすいし、 楽天カードで買えるしね
ハッハッハッ
ちなみに ボクは両方 もってる♡
楽天なら 楽天ポイント 貯まるしね
いいかも
しかた ない…
わかりました…
まあそこまで言うなら ネットでやりますかっ
ハァー
ちゃちゃって 誰かにやってほしい…
うん
なんでこの人 こんなに エラそうなの……?

ネット証券のサイト見てるけどなんかめんどうっスね
ポチポチ
ま……まあね
証券口座を開く途中で挫折する人は多い
でも大丈夫！手取り足取り教えていくよ！
わーい
ありがて～
楽天証券がおすすめな理由はもうひとつあって
それがなんと
証券口座とNISA口座を同時に申し込めるよ!!※
いっしょ♡
すごーい!!
＜口座開設前に用意するもの＞
□本人確認書類
(運転免許証、住民基本台帳カード、日本国パスポート、健康保険証、住民票など)
or
□マイナンバーカード／通知カード
マイナンバーカード作ってね
次のページから実践編です
ちなみにスマホでもできるそうですよ

※2024年1月現在は、SBI証券でも同時申し込みができます

＜楽天証券でのNISA口座の開き方＞

（画面は2024年1月現在）

①楽天証券を検索し、トップページのメニューから「NISA」をクリック

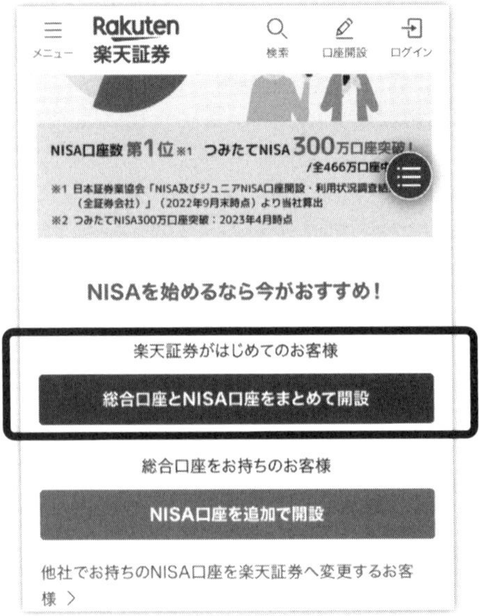

②「総合口座とNISA口座をまとめて開設」を選択

③メールアドレスを送信する

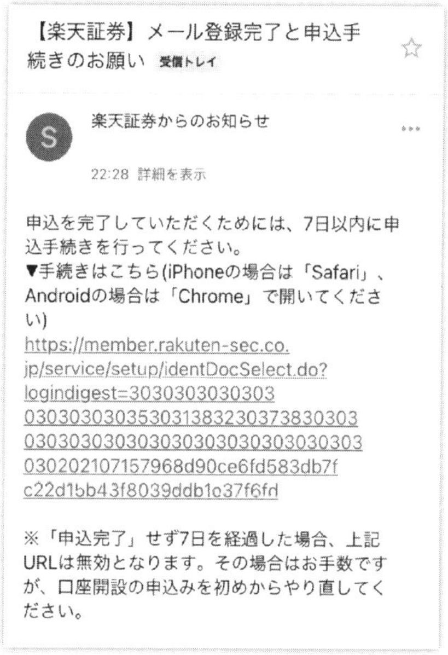

④送られてきたメールから、申込手続きのリンクへ飛ぶ

⑤本人確認書類（運転免許証、マイナンバーカードなど）を提出。スマホなら撮影＆アップロードでOK

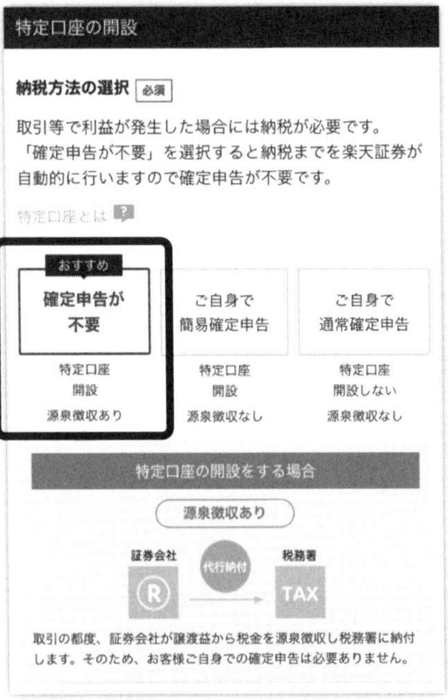

⑥納税方法の選択で、「確定申告が不要／特定口座開設（源泉徴収あり）」を選ぶ

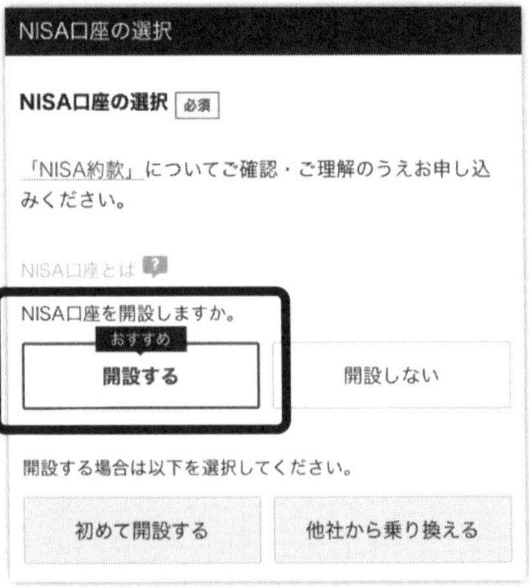

⑦ NISA 口座の選択で、「開設する」を選ぶ

⑧本人情報を入力する

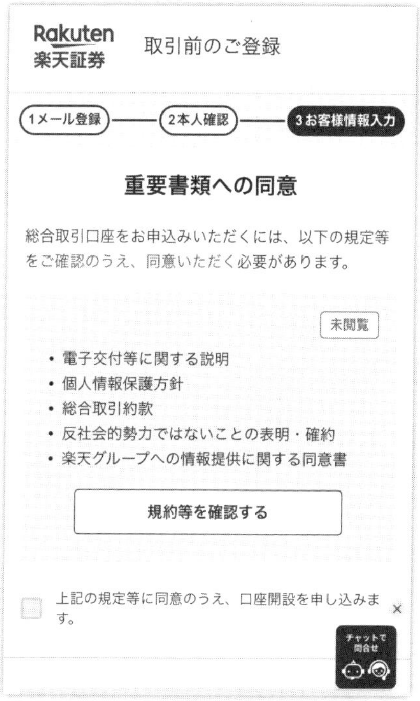

⑨重要書類への同意を確認し、申し込み完了！

⑨審査が通ると、ログインIDとパスワードがメールで送られてくる

⑩楽天証券口座にログインし、入金方法を選んだら完了！
(楽天カードから引き落としの場合は、紐づければOK)

できたー!!
ぱんぱかぱーーん
パソコンがなくてもスマホで完結するのはラクチンですね！
口座開設
おめでてーっ
あ！そうそう
途中で、謎の「特定口座」というのが登場したのでそれにしました♡
特定カッコイイ…♡
テキトーにやっちゃダメー!!
結果当たってるけど!!
NISAはいつ売っても税金がかからないから関係ないけど、
通常の証券口座を使うときもあるから計算が楽な方を選ぼう！
税金がかからないなんて最高じゃん!!
口座選択時の注意点
証券口座の種類
・特定口座（源泉徴収あり）
原則確定申告しなくてOK（証券会社が税金計算してくれる）
こっちを選ぶ
・特定口座（源泉徴収なし）or一般口座
配当金や売却利益が20万円超えなら確定申告が必要
確定申告
NISA口座が開設できれば
あとは商品である投資信託の購入設定をするだけ！
「楽天カードで購入」か「銀行から証券口座に送金」を選べばOK
どうせならポイントのたまる方で!!
やっとできるぜー

商品名の見方がわからない！

いやー私が投資をやるなんてなあ
ザ・大人って感じ？
貯金のように投資をしてお金を増やして……
オホホホホ
富豪になる!!
ではさっそく買わせていただきますわよ
ん？ファンド一覧って所から選べばいいのかな？
見方がイマイチわからない
……いや
サイトバグってる!?大河内さーん!!
ぴえんぴえん
バグってないよ正常だよっ
えっ
これが投資信託の購入画面……？
そ……そうだけど？
意味が全然わからないんですがっ!!暗号ですか!?
まったく解読できませんよ!!
スパーン

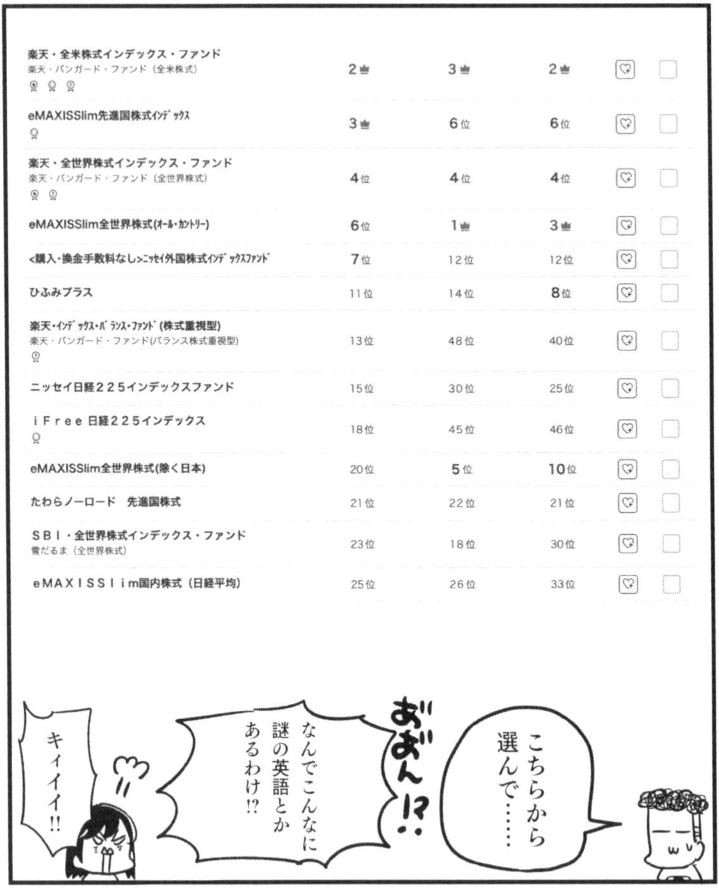

楽天・全米株式インデックス・ファンド 楽天・バンガード・ファンド（全米株式）	2	3	2
eMAXISSlim先進国株式ｲﾝﾃﾞｯｸｽ	3	6位	6位
楽天・全世界株式インデックス・ファンド 楽天・バンガード・ファンド（全世界株式）	4位	4位	4位
eMAXISSlim全世界株式(ｵｰﾙ・ｶﾝﾄﾘｰ)	6位	1	3
<購入・換金手数料なし>ﾆｯｾｲ外国株式ｲﾝﾃﾞｯｸｽﾌｧﾝﾄﾞ	7位	12位	12位
ひふみプラス	11位	14位	8位
楽天・ｲﾝﾃﾞｯｸｽ・ﾊﾞﾗﾝｽ・ﾌｧﾝﾄﾞ(株式重視型) 楽天・バンガード・ファンド(バランス株式重視型)	13位	48位	40位
ニッセイ日経２２５インデックスファンド	15位	30位	25位
ｉＦｒｅｅ 日経２２５インデックス	18位	45位	46位
eMAXISSlim全世界株式(除く日本)	20位	5位	10位
たわらノーロード　先進国株式	21位	22位	21位
ＳＢＩ・全世界株式インデックス・ファンド 雪だるま（全世界株式）	23位	18位	30位
eＭＡＸＩＳＳｌｉｍ国内株式（日経平均）	25位	26位	33位

知っておいて損はない用語
●バンガード／ブラックロック／ステート・ストリート
ファンド業界のビッグスリー！　とりあえず迷ったらここ
● eMAXIS Slim
手数料激安シリーズ
●たわらノーロード・シリーズ
販売手数料無料シリーズ
（手数料の説明はのちほど！）
見るポイントは、指数に連動するインデックス投資！
アメリカや全世界に連動しているものを探す！
インデックス投資を男性でたとえると
ムリせず ずっと平均的に 頑張ってくれる人
平均！
ボクが皿洗いやるよっ
まあっうれしいっ
じゃあ eMAXIS Slim 全世界株式は
手数料激安シリーズで世界中の株式に連動しているってこと!?
世界と
れんどう。
ズビシッ
正解
しかも153ページで出てきたMSCI ACWIの指数に連動しているよ！
なんでわかるの？
知ってるから！覚えなくてOK！
もー英語ばっかりでヤーダー
最初はびっくりするよね
基本は商品名で大体の概要はわかる！
わからない場合は
運用方針や目論見書（説明書）をチェックしよう！
メロンけんしょ？
目論見書
めろん
もくろみ
もくろみしょ!!
おいしそ～
もー

投資信託の商品を選ぶポイント

●投資信託の中身はどれにする？

株式　債券　不動産（REIT）

バランス型（株式、債券、不動産などのセット）

一般的には、債券は価格の変動が小さく、株式は価格の変動が大きいと言われるよ。40～50歳までは株式中心の投資信託で積み立てをして、老後など売却する時期が近づいたら価格変動をおさえるために債券にするのは定番。
一方で、老後資金のあてが投資信託だけじゃないなら、債券に変える必要はないかもしれない。売却のタイミングで暴落していても、他の資産や貯金で資金をまかなって売却（お金として引き出す）を待てるから。
自分がそのリスクとどこまで付き合えるかを考えて商品を選ぼう。

●投資信託のスタイルは？

インデックス　or　アクティブ

本書では、指数に連動したインデックス投資を推奨。長期投資と相性が良い！

●どの指数にする？（どの国に投資する？）

本書では、過去の歴史から見て、米国や全世界を推奨。長期投資と相性が良い！

米国 ▶ S&P500（アメリカ主要500社）／
CRSP US Total Market インデックス（アメリカ全体）

全世界 ▶ MSCI ACWI インデックス（全世界主要3000社）／
FTSE Global All Cap インデックス（全世界8000社）

●投資信託を買うための手数料

信託報酬をしっかり確認して、安いものを選ぼう。信託報酬は0.2％以下を目安に！

●投資信託の発行会社

ファンド業界のビッグスリーである、バンガード／ブラックロック／ステート・ストリートなら、ひとまず安心。
日本なら、SBIアセットマネジメント／三菱UFJ国際投信（商品シリーズ＝eMAXIS）などが有名。
逆に言えば、まともな指数とまともな手数料を軸に投資信託を選ぶと、この辺りのまともな発行会社が出している投資信託にたどり着く。

投資信託ここに注意！

●証券口座のランキングを見ない

ランキングが高い＝いい投資信託ではない！
利回りは高いけど手数料も高くてトータルお得じゃないものがランキング上位に入っていることもあるし、後述の毎月分配金につられてランキングが上がっているものもある。
指数、手数料など、これまで確認した視点で投資信託を選ぼう！

●毎月分配金が出る投資信託は選ばない

毎月分配金がもらえるなんて一見良さそうだけど、結論は「絶対に買うな」。
毎月分配金を出すことが決まっているから、利益が出なくても元本部分を削って分配金を出しちゃうし（単なる払い戻し＝複利の力が活かせない）、手数料が高いものがほとんど。
おまけに、販売員が販売手数料目当てで売っていることも多く、金融庁から『顧客本位ではない商品』として批判された過去もアリです…。毎月分配型の投資信託は避けよう！

●投資の目的を忘れない

本書の投資の目的は、将来にお金を残すこと。それに最適なのが、アメリカや全世界の株価に連動したインデックスファンドを、15年以上に渡って積立投資していく戦略。目的が変われば、最適な投資のスタイルは変わるし、目的によっては投資をしない方がいいこともある。目的のために手段を選ぼう！

投資信託はこれを買えばOK！
難しそうに見えるけど学んだキーワードを頼りに読み解く！
ふむ！知っている単語を探すしかないですねー
なんなのかわからないものもありますねー
そういうものは投資対象から外す
自分が理解できないものには絶対に投資しない！
へーい
ちなみにインデックスファンドが連動する指数は10種類くらいしかない！
えー？どういうこと？
たとえばS&P500に連動している商品ならどの会社も似たりよったり！
商品名は違うけど中身は大して変わらない
△○ S&P500
○× S&P500
なんちゃらインデックスファンドって多すぎなんですよね。
変わらないんかい！
大事なのは手数料！
2つの手数料を覚えよう
①販売手数料 買う時にかかる。NISAとiDeCoは原則無料
②管理手数料（信託報酬） 投資信託を持っている間毎年かかる！（0・2%以下を選ぶ！）
NISAとiDeCoは優遇されているんだなー
②の管理手数料はバカにならないから絶対に安いものを選んでね
もってたら毎年かかるから
ブン
あのう……

例の利回り5％のためにはどうすればいいの？
それはねっ
くるっ
あ！
そのための投資信託のランキングか～☆
上位がやっぱり良いんですかね～
だめえええ!!
ダメなのか、じゃあランキング作るなよ…
ハ～～
ランキング上位から順番に買うのは絶対にダメ!!
楽天証券なら「自分で一から選ぶ」を選択しよう
自分で一からファンドを選びたい方
コレ
僕たちのマイルールを崩してはダメ!!
理解できないものには投資しないってーー!!!!
ブブーー
ぐぬぬ～
まあなんかわかってきたけど……
おー？
結局どれがおすすめなの？

指数に連動しているのを見てー
手数料見てー
THEめんどい
もーーっ
大河内さんが買ってるのを教えてよ……
いちいちチェックするのヤダし損もしたくないんですよ
わかったよ〜
うん！よくここまで頑張ったね！
具体的な投資信託を教えるよーん！
よし！大河内くん早く教えてくれたまえ
ぜーんぶマネします♡
次のページに一覧でまとめたよ
もー
僕はなんとなくアメリカ全体が好きだからS&P500じゃなくて
楽天・全米株式を買っているよ！eMAXIS Slimの全世界も買っている！
おーっ
S&P500にオールイン!!
ちなみに投資の神様ウォーレン・バフェットはS&P500を熱烈に推奨！※
キラッ
キラッ
神様……！
買うのは1種類でいいの？それとも複数？
全世界やアメリカなど同じ種類ならひとつでいいと思う
株式だけか債券※1も混ぜるかは人それぞれ取れるリスクによる！
リスク…損もあるのが投資だからねっ
取り崩す時期※2が近づいたら価格変動の少ない債券に変更するのもアリ！
個人的には40〜50歳までは株式だけの投資信託を推奨かな
ビシィーッ
めざせ利回り5%!!
ほほーっ

※ウォーレン・バフェットは「私が死んだら資産の90%をS&P500に投資しなさい」と家族に伝えている

※1　一般に債券の方がリスクが低い
※2　65歳や老後など

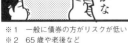

おすすめの投資信託

●アメリカ株式でいくなら

・SBI・V・S&P500インデックス・ファンド
……S&P500に連動していて、手数料が最安！

・楽天・全米株式インデックス・ファンド
（【愛称】楽天・バンガード・ファンド 全米株式）
……アメリカ主要500社だけではなく、アメリカ株式全体に連動！

●全世界にかけるなら

・eMAXIS Slim 全世界株式（オール・カントリー）
……手数料最安で、日本を含む世界の3000社に投資！

・楽天・全世界株式インデックス・ファンド
（【愛称】楽天・バンガード・ファンド 全世界株式）
……日本を含む世界の8000社に投資！

●比較的ローリスクなら（その分ローリターン）

・eMAXIS Slim バランス（8資産均等型）
……世界中の株式＋債券や不動産にも投資！

毎月いくら積み立てる?

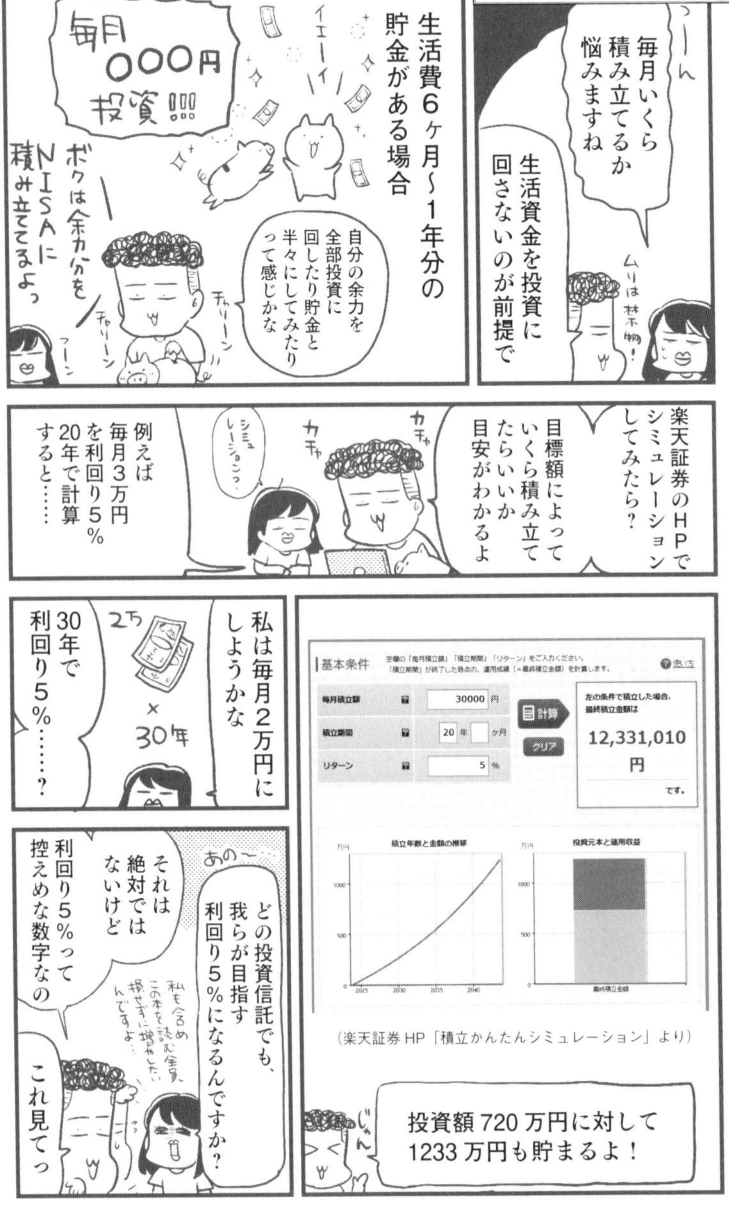

う〜〜ん
毎月いくら積み立てるか悩みますね
生活資金を投資に回さないのが前提で
ムリは禁物!
生活費6ヶ月〜1年分の貯金がある場合
イエーーイ
毎月000円投資!!!!
自分の余力を全部投資に回したり貯金と半々にしてみたりって感じかな
チャリーン
チャリーン
ボクは余力分をNISAに積み立ててるよっ
フーン
楽天証券のHPでシミュレーションしてみたら?
目標額によっていくら積み立てたらいいか目安がわかるよ
カチャ カチャ
シミュレーションっ
例えば毎月3万円を利回り5%20年で計算すると……
基本条件
空欄の「毎月積立額」「積立期間」「リターン」をご入力ください。
「積立期間」が終了した時点の、運用成績(=最終積立金額)を計算します。
使い方
毎月積立額 30000 円
積立期間 20 年 ヶ月
リターン 5 %
計算
クリア
左の条件で積立した場合、最終積立金額は
12,331,010 円
です。
積立年数と金額の推移
投資元本と運用収益
万円
1000
500
0
2025 2030 2035 2040
最終積立金額
(楽天証券HP「積立かんたんシミュレーション」より)
じゃん
投資額720万円に対して
1233万円も貯まるよ!
私は毎月2万円にしようかな
2万
×30年
30年で利回り5%……?
あの〜
どの投資信託でも、我らが目指す利回り5%になるんですか?
それは絶対ではないけど
利回り5%って控えめな数字なの
私も含めこの本を読む全員損せずに増やしたいんですよ…
これ見てっ

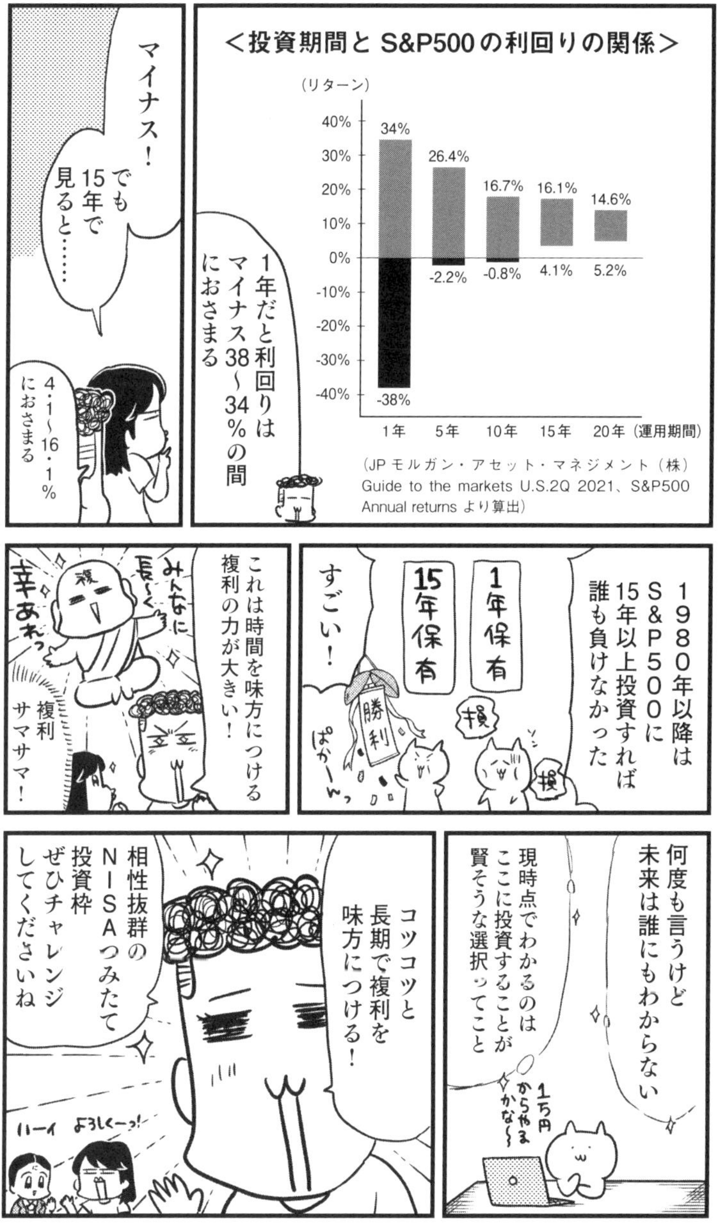
＜投資期間とS&P500の利回りの関係＞
（リターン）
40%
30%
20%
10%
0%
-10%
-20%
-30%
-40%
34%
-38%
26.4%
-2.2%
16.7%
-0.8%
16.1%
4.1%
14.6%
5.2%
1年
5年
10年
15年
20年（運用期間）
（JPモルガン・アセット・マネジメント（株）Guide to the markets U.S.2Q 2021、S&P500 Annual returns より算出）
1年だと利回りはマイナス38~34%の間におさまる
マイナス！
でも15年で見ると……
4・1~16・1%におさまる
1980年以降はS&P500に15年以上投資すれば誰も負けなかった
1年保有
15年保有
すごい！
損
勝利
損
ぱか〜んっ
これは時間を味方につける複利の力が大きい！
みんなに長〜く幸あれっ
複
複利サマサマ！
何度も言うけど未来は誰にもわからない
現時点でわかるのはここに投資することが賢そうな選択ってこと
1万円からやるかな〜
コツコツと長期で複利を味方につける！
相性抜群のNISAつみたて投資枠ぜひチャレンジしてくださいね
ハーイ
よろしくーっ！

＜投資信託の買い方＞

〜つみたて投資枠で買う〜

（画面は 2024 年 1 月現在）

①楽天証券の HP に
ログインする

②「メニュー」→「NISA」
を選択

③つみたて投資枠の
「商品を探す」を選択

④商品を検索し、
毎月の積立金額を設定

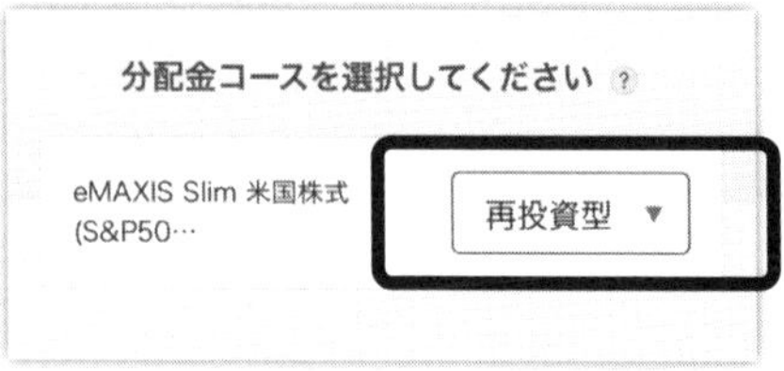

⑤分配金コースで
「再投資型」を選択

⑥目論見書を確認する

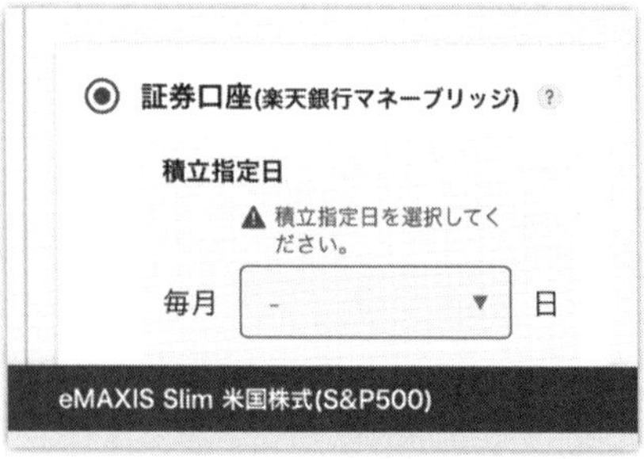

⑦引落方法を選ぶ。
証券口座引き落としの
場合は、積立指定日を
入力（いつでもOK）

⑧注文内容を確認し、暗証番号を入力したら購入完了！

＜購入後に確認したい時＞

◀注文内容は「積立設定一覧」から確認できる

購入……!
ついに私も投資デビューじゃ!
ハァ♡ ハァ♡ ハァ♡
おめでとー
あとはどうするんですか!? 毎日毎時毎秒値段チェックします!?
こういうやつ〜
あこがれのやーーっ!!
もうほったらかしで大丈夫だよっ
ええ!?
あ…ちょっと下がっているっっ
ぴえん
積立投資で大切なのは日々の価格に一喜一憂しないこと!
ええーそうなの!?
そうなの!!
僕たちは時間を味方につける投資をしているんだよ
マイルールは15年以上先まで売らない! だから今の値段なんてどうでもいいの!
気持ちがゆらぐなら見ないっっ
なにィ!!
数ヶ月に1回のチェックで十分!
そもそも月1回しか買ってないしね
Check!
とはいえ気になってチェックしたくなりますね
ギン ギン
もっとこれやれ!とかあります?
特にないんだけど
むっ むっ
ってことで…
よく質問されることをまとめてみました
やさしーーじゅん
でも質問のほとんどは投資の前提を思い出せば答えが出ます!

僕たちのマイルール（投資の前提）

・世界、もしくはアメリカの長期的な成長に乗っかる
・15年以上先の値上がりを期待して、貯金をするように投資信託を買う
・余剰資金で投資をする

よくある質問

Q 途中で銘柄を変えたくなったら？

A 一時的な感情ではNG。長期で見て世界の成長、もしくはアメリカの成長にかげりが見えたら考えよう。
戦略での株式⇆債券の移動はアリ。（詳細は5章コラムで）

Q 途中で金額を変えたくなったら？

A 証券口座のページ内「積立設定」から変更可能。増やすことはあっても、減らすことがないように余裕を持って始めよう。

Q 急きょお金が必要になったら？

A 貯めているお金という意味では、インデックス投資も貯金も同じ。まずは貯金を引き出そう。すぐに投資信託を売ったら、複利の意味がなくなるのでダメ。

Q 家計が苦しくなったら？

A 毎月の積み立ては停止でOK。そして貯金を取り崩す＆家計改善を。貯金が底をつきそうになったら積み立てた投資信託を売る。ただし、そうなってしまう場合は、始め方（余剰資金の設定）に問題あり。

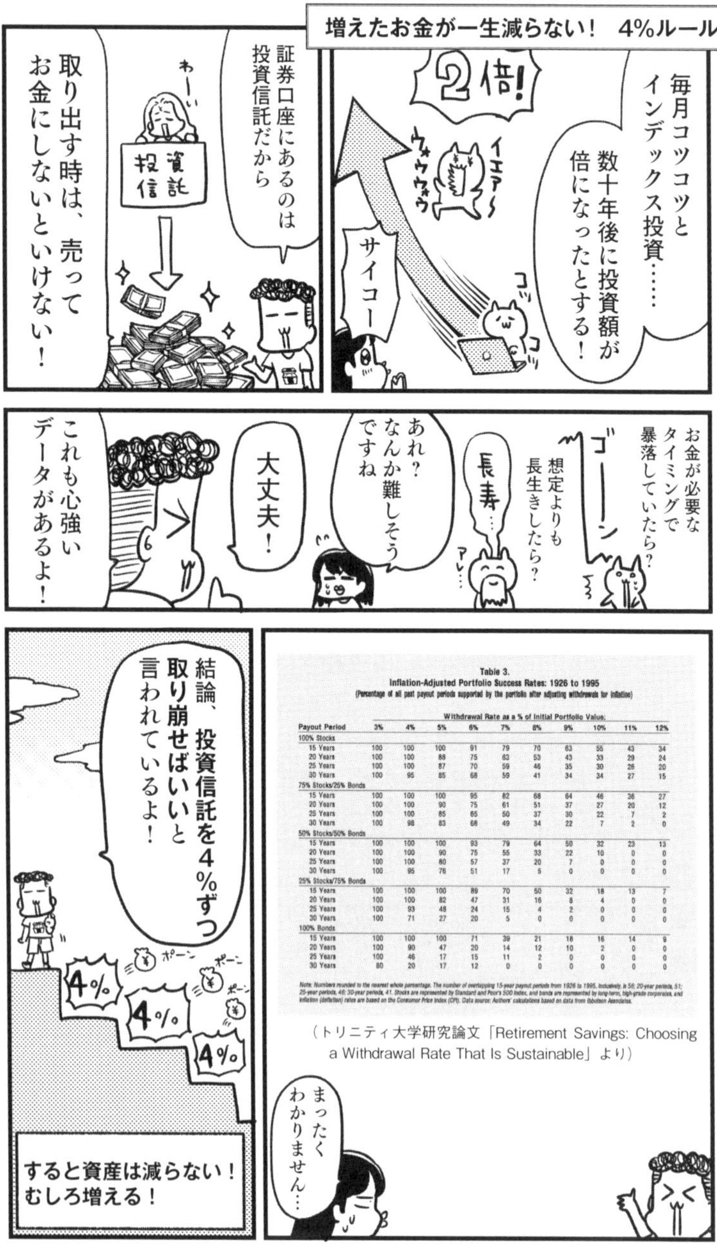
増えたお金が一生減らない！　4%ルール
毎月コツコツとインデックス投資……
数十年後に投資額が倍になったとする！
2倍！
イエアー～
ウォウウォウ
コツ
コツ
サイコー
証券口座にあるのは投資信託だから
わーい
投資信託
取り出す時は、売ってお金にしないといけない！
お金が必要なタイミングで暴落していたら？
ゴーーン
想定よりも長生きしたら？
長寿…
アレ…
あれ？なんか難しそうですね
大丈夫！
これも心強いデータがあるよ！
まったくわかりません…
結論、投資信託を4%ずつ取り崩せばいいと言われているよ！
4%
ポーン
4%
ポーン
4%
ポーン
すると資産は減らない！むしろ増える！

Table 3.
Inflation-Adjusted Portfolio Success Rates: 1926 to 1995
(Percentage of all past payout periods supported by the portfolio after adjusting withdrawals for inflation)

	Withdrawal Rate as a % of Initial Portfolio Value:									
Payout Period	3%	4%	5%	6%	7%	8%	9%	10%	11%	12%
100% Stocks										
15 Years	100	100	100	91	79	70	63	55	43	34
20 Years	100	100	88	75	63	53	43	33	29	24
25 Years	100	100	87	70	59	46	35	30	26	20
30 Years	100	95	85	68	59	41	34	34	27	15
75% Stocks/25% Bonds										
15 Years	100	100	100	95	82	68	64	46	36	27
20 Years	100	100	90	75	61	51	37	27	20	12
25 Years	100	100	85	65	50	37	30	22	7	2
30 Years	100	98	83	68	49	34	22	7	2	0
50% Stocks/50% Bonds										
15 Years	100	100	100	93	79	64	50	32	23	13
20 Years	100	100	90	75	55	33	22	10	0	0
25 Years	100	100	80	57	37	20	7	0	0	0
30 Years	100	95	76	51	17	5	0	0	0	0
25% Stocks/75% Bonds										
15 Years	100	100	100	89	70	50	32	18	13	7
20 Years	100	100	82	47	31	16	8	4	0	0
25 Years	100	93	48	24	15	4	2	0	0	0
30 Years	100	71	27	20	5	0	0	0	0	0
100% Bonds										
15 Years	100	100	100	71	39	21	18	16	14	9
20 Years	100	90	47	20	14	12	10	2	0	0
25 Years	100	46	17	15	11	2	0	0	0	0
30 Years	80	20	17	12	0	0	0	0	0	0

Note: Numbers rounded to the nearest whole percentage. The number of overlapping 15-year payout periods from 1926 to 1995, inclusively, is 56; 20-year periods, 51; 25-year periods, 46; 30-year periods, 41. Stocks are represented by Standard and Poor's 500 Index, and bonds are represented by long-term, high-grade corporates, and inflation (deflation) rates are based on the Consumer Price Index (CPI). Data source: Authors' calculations based on data from Ibbotson Associates.

（トリニティ大学研究論文「Retirement Savings: Choosing a Withdrawal Rate That Is Sustainable」より）

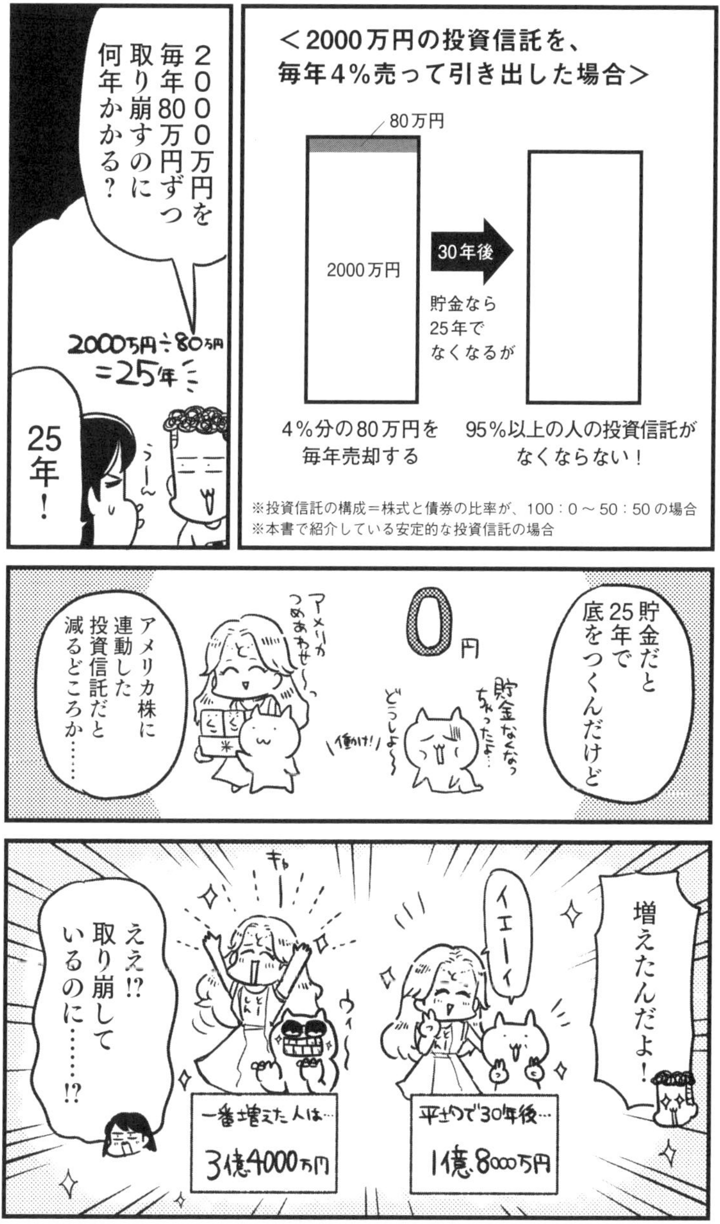

＜2000万円の投資信託を、毎年4%売って引き出した場合＞
80万円
2000万円
30年後
貯金なら25年でなくなるが
4%分の80万円を毎年売却する
95%以上の人の投資信託がなくならない！
※投資信託の構成＝株式と債券の比率が、100：0〜50：50の場合
※本書で紹介している安定的な投資信託の場合
2000万円を毎年80万円ずつ取り崩すのに何年かかる？
2000万円÷80万円＝25年
25年！
う〜ん
貯金だと25年で底をつくんだけど
0円
貯金なくなっちゃったよ…
どうしよ〜
働け！
アメリカつめあわせ〜っ
アメリカ株に連動した投資信託だと減るどころか……
増えたんだよ！
イエーーイ
平均で30年後…
1億8000万円
キャーー
ウィ〜
一番増えた人は…
3億4000万円
ええ!? 取り崩しているのに……!?

1926～1995年のトリニティ大学の研究だよ！
20年以上前の話だとちょっと……
じゃあ
対象期間をドットコムバブル崩壊やリーマンショックを含む2009年まで延ばしても……
結果
良好
むしろ96%以上の人が増えたという研究結果に!!
キャーキャー♡
ふーん
もちろん過去のデータだから未来はわからない……
うん
まー未来なんてわからないですよね
でも!!
ぐぐっ
僕たちにとって心強すぎる参考データだね!!
トリッ
ほげー
僕も投資信託の取り崩しは4%ルールでやるつもりだよ！
状況が変化して戦略が変わったらYouTubeで伝えていくよー
たとえおじいちゃんになってもね!!
宣伝でございます。
ハイ

<4%ルールで取り崩す方法>

4%ルール

保有している投資信託の「売却可能金額」のうち、売却初年度の4%の金額を目安に毎年売る！

（画面は 2024 年 1 月現在）

①楽天証券の HP にログインし、「メニュー」→「NISA」→「保有商品」を選択

②保有商品一覧から「売却」を選択

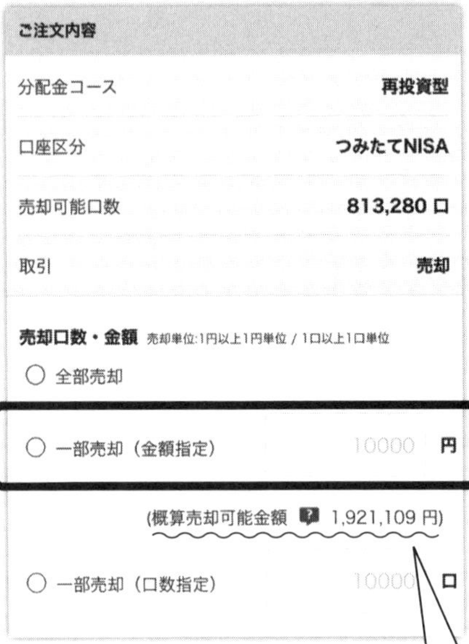

③「一部売却（金額指定)」を選択し、「概算売却可能金額」の4％の金額を入力する。
証券口座の現金残高が増えるので、銀行口座に送金し売却完了！

この場合、
1,921,109円の4％＝76,844円を目安に
毎年取り崩していくことになる！

＜大河内からひと言＞
僕たちの投資ルールでは、この売却画面を見るのは15年以上は先だよ。長期間の投資で複利を味方につけよう！
くれぐれもこの画面を早々に見ることがないように、自分の余剰資金と相談して無理をしないように！

大河内先生のやさしいお金講座⑥

もしマイナスや暴落が続いたら？

期待利回りの落とし穴

本書では何度も「５％」という数字が出てきます。毎月３万円のインデックス投資をして、平均利回り５％で20年間運用できれば約１２００万円になります。そのうち増えた分は約５００万円です。30年間だと約２５００万円。増えた分は約１４００万円です。

この時、「利回りが５％になるのかな？」という疑問もあるかと思いますが、それなりに手堅い数字だということは本書で説明した通りです。

それよりも他に落とし穴になるものがあります。

それが**税金**。

先ほどの事例をＮＩＳＡで運用するなら、20年までは増えた分に税金はかかりません。ただしそれ以降に増えた分には税金がかかるので、30年で２５００万円になったとしても丸々手元に残るわけではありません。

ＮＩＳＡやｉＤｅＣｏから学びを開始してそれが当たり前になると、20・３１５％の税金を忘れがちになるのでご注意を。

もうひとつの落とし穴は、**利回り**です。

「おいおい、さっき大丈夫って言ったじゃん」というツッコミが入りそうですが、ひとつだけ絶対に忘れないでほしいことがあります。

インデックス投資を始めて「マイナスになる日々」が続くようなら、このコラムに戻ってきてください。

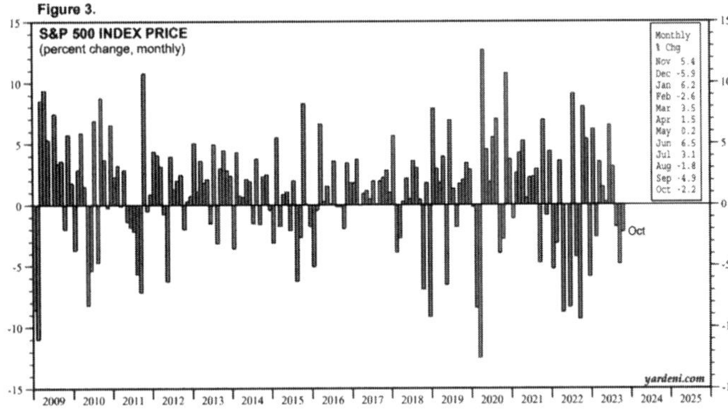

（Yardeni Research より）

こちらのグラフは、**２００９年以降のＳ＆Ｐ５００の毎月のリターン**です。プラスの月もあればマイナスの月もあります。

ここ数年は相場が絶好調なのでマイナスの月は少ないですが、それでも２ヶ月連続でマイナスの時があります。２０１１年は５ヶ月連続でマイナスが続いている時期もありました。

あなたがインデックス投資を始めても、**時期によってはマイナススタートだってありえるし、それが何ヶ月も続くことだってあります。**

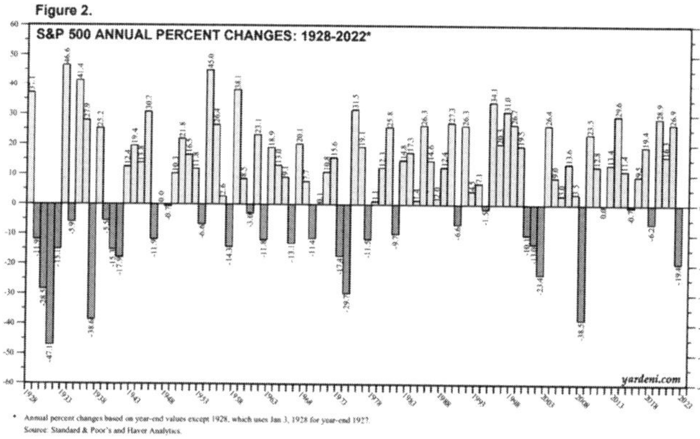
Figure 2.
S&P 500 ANNUAL PERCENT CHANGES: 1928-2022*
yardeni.com
* Annual percent changes based on year-end values except 1928, which uses Jan 3, 1928 for year-end 1927.
Source: Standard & Poor's and Haver Analytics.

（Yardeni Research より）

こちらのグラフは、**１９２８年以降のＳ＆Ｐ５００の毎年のリターン**です。

１年という長いスパンで見ても、マイナスの年はチラホラあるんです。あなたがインデックス投資を始めて１年以上経った未来でも、投資額に対してマイナスになっていることはあるでしょう。

忘れてはいけないのは、**僕たちが狙う利回り５％は、投資期間の平均値**ということです。マイナスが続こうが、５％より大きくプラスになろうが、**20年・30年後の未来で結果的に平均５％という姿を狙います。**

ごぱー！
5%

マイナスや暴落との向き合い方

マイナスが続く日々は、投資初心者にはかなり苦しいはずです。また、数年間でコツコツ積み上げたプラスが、たった数日の大暴落ですべてなくなりマイナスに転じることもよくあります。

そういう時は「投資なんてやらない方がよかったんじゃないか?」と思うこともあるでしょう。

特に暴落は、「みんなが明るい未来を信じられなくなる」から起こるわけで、右肩上がりの良い相場の時より、投資の話をする人が確実に減ります。

暴落相場では、けっこうな絶望感が漂うはずです。そんな相場でも稼いでいる短期投資家に目移りしてしまうこともあります。初心者にとっては本当に苦しい状況になります。

でも自分の戦略と目的を忘れないでください。未来は絶対ではないからリスクはありますが、根拠を持ってインデックス投資を始めたはずです。インデックス投資はゼロになることはないと言っても過言ではありません。しかも、そもそもは余剰資金です。貯金と並行して、貯金をするように投資信託を買い始めたわけです。自分の戦略を信じて、ドーンと構えましょう。気になって落ち込むくらいなら、相場を見ない方が良いです。

ちなみにフィデリティ・インベストメンツという会社に証券口座を持っていて、投資でいい成績をあげた人の属性は、「投資をしたことを忘れている人」なんて話があります。つまり、**ほったらかした人がいい成績をあげている**んです。

長期スパンでほったらかすイメージを持ちましょう。それでもどうしても耐えられない時は、僕のＹｏｕＴｕｂｅライブのコメントに遊びにきてください。励まし合いましょう。

大河内先生のやさしいお金講座⑦

楽天証券以外の口座についての補足

SBI証券のおすすめの投資信託

2024年1月現在、全米株式に連動するインデックスファンドの中で最も手数料が安い投資信託はSBI証券の「**SBI・V・S&P500インデックス・ファンド**」もしくは「**SBI・V・全米株式インデックス・ファンド**」です。

楽天証券の全米株式ラインナップのどれよりも手数料が安いです。個人的にはSBI証券・楽天証券どちらでも良いと思いますが、初心者の方には楽天証券が見やすい&楽天ポイントも貯まるのが魅力的かもしれません。

2社の全米株式投資信託の手数料の差は小さく、トータルでは大差がないので、自分が使いやすそうと感じる方を選べば良いと思います。

1円でも手数料を安く！　と考える場合は「SBI・V・シリーズ」2つのうち、どちらかを選びましょう。そのマインドはとても大切です。しかし、大差ない商品に悩みすぎるのは手数料以上に時間を無駄にしてしまうので注意が必要です。

証券口座を2つ以上持つメリット

本書では楽天証券をおすすめしていますが、僕は楽天証券とSBI証券の2つを使っています。NISAとiDeCoだけなら1つの口座で良いと思いますが、将来のために証券口座を2つ以上持つメリット・デメリットを解説しておきます。

〈メリット〉

手数料などの相場を知れることが大きいです。

ネット証券Ｎｏ・１のＳＢＩ証券とそれを追いかける楽天証券はライバル関係にあります。ＳＢＩ証券が手数料を下げれば、楽天証券が追随する可能性があるし、その逆もしかりです。

また、ＮＩＳＡやｉＤｅＣｏは、前述した通り証券会社によってラインナップが異なります。手数料の値下げ合戦などで、今後もより良いモノが出てくる可能性があります。**１つの証券会社だけを見ているとわからない商品の相場を比較できるメリットは大きい**です。

もう１つのメリットは、ｉＤｅＣｏやＮＩＳＡには関係ない話です。

たとえば通常の投資をしている時に、暴落などで安く買う絶好のタイミングがきたとします。証券口座にいざログインしようとしたらシステムトラブルでログインできず。そんな時に、もうひとつ証券口座を持っていれば、買うタイミングを逃しません。

〈デメリット〉

管理が面倒になるというのが唯一にして最大のデメリットですね。ログインＩＤやパスワードの管理が大変ですし、どの資産をどちらの証券口座で買ったかなどの資産管理も大変になります。

ただし、本書での学びからさらに投資を拡大する場合は、複数の証券口座を持つことが視野に入ってくると思います。メリットとデメリットをしっかりと把握しておきましょう。

将来、株式投資もしたくなったら？

インデックス投資をいったん始めてしまうと、意外と暇な投資ライフだと気づくはずです。そうすると、他の投資も気になってきます。1社単独に投資する個別株投資や、短い期間で買って売って利益を出す短期投資などです。気になって調べるのは素晴らしいことですが、安易に手を出すのはやめましょう。

インデックス投資は長い期間を使うことによって勝つ確率を高めています。目的は未来に向けてお金を増やすことです。

個別株投資や短期投資は、大きな利益を生む可能性がありますが、その分大きく損をする可能性もあります。また、時間を味方につけて確率を上げるものではありません。

投資は常に運の要素が残りますが、短期投資の方が運の要素は増えます。だって相場は誰にもわかりませんからね。短期投資をするということは、プロの投資家と戦うということも忘れないでください。

以上を踏まえて、本書以外の投資にチャレンジする時も、また1から徹底的に学んだのちに、余剰資金で小さく始めてくださいね。

大河内先生のやさしいお金講座⑧

改正で何が変わったの？ NISAのポイント

シンプルになったNISA制度

2023年までは、一般NISA・つみたてNISA・ジュニアNISAという3つの制度があり、非課税期間がバラバラだったり、対象者も異なったりなど、とても複雑でした。

2024年からのNISAは、かなりシンプルになった印象です。わかりやすい＆魅力的なのは、**とにかく永久に非課税が続くこと**。たとえば、20歳からNISAを始めて、50年後の70歳で売っても非課税なのです（驚）！　時間を味方につけるインデックス投資との相性抜群ですね。

僕らがやることはたった1つ。**つみたて投資枠を使ってのインデックス投資**です。これが僕らのマイルールです。

成長投資枠についてアレコレ

成長投資枠では個別の会社の株式も買えますが、**僕たちのマイルール＝インデックス投資を行う場合は、成長投資枠は使わないというのが基本**です。ですが、一応使い道はあります。成長投資枠でも、つみたて投資枠と同じ投資信託が買えるからです。月10万円を超えて投資する余裕がある方は、検討してみてもいいかもしれません。

ここからは個人的な推測ですが、政府の意向としては〝つみたて投資枠だけで十分〟なんです。だって年金を補うための資産形成ならば、月10万円でお釣りがきます。ではなぜ、成長投資枠があるのか……？　その答えは、「金融機関の営業商品として」です。

NISAはずっと非課税が続く最高の制度です。老後に向けての資産形成を助けてくれるでしょう。けれどこの素晴らしい制度も、金融機関の協力なしには広まりません。NISAの口座やシステムを用意してくれるのは金融機関です。僕らは金融機関なしには、投資信託を買うことができません。

だから金融機関に旨味＝利益を与えるために、成長投資枠があると考えています。成長投資枠には手数料が高い商品があります。それこそが金融機関の利益です。

けれどNISAにおいては「金融機関の利益が増える＝僕らの投資利益が減る」ということを覚えておきましょう。銀行窓口で営業されながらNISA口座を開くのは、投資利益に悪影響です。ネット証券を使ってサクッとNISAを始めましょう。

投資金額について

NISAの年間上限額は、つみたて投資枠が120万円、成長投資枠が240万円です。**生涯で投資できる上限額は1800万円です。**

この上限額をフル活用するなら、つみたて投資枠を月10万円、成長投資枠を月20万円、合計毎月30万円を5年間続けると、最速で生涯投資枠1800万円を達成できます。早く購入したほうが時間を味方にできるので、これが理想かもしれません。

メディアやネットは「最速」を煽るかもしれません。でも、絶対に無理はしないように。**目的は最速で1800万円の枠を使い切ることではありません。目的は老後に向けての資産形成で、その手段がNISAです。**

人によってNISAに回せる金額は変わるし、老後必要な金額も違います。そもそも30万円もの大金を、毎月投資に回せる人はほとんどいないでしょう。隣の芝生は青く見えるものですが、あなたには関係ありません。将来の自分に必要な金額だけを見据えて、無理のない範囲でつみたて投資枠を活用していきましょう。（一応参考までに僕のNISAは、つみたて投資枠で月5～6万円くらい、老後までに1800万円の枠を使い切る予定はありません。これもあくまで参考ですよ。）

5章のまとめ

◎証券口座は、ネット証券一択！

◎ NISA で買えるのは、金融庁の基準をクリアした投資信託のみ。運用利益がずっと非課税！

◎おすすめは、SBI・V シリーズ、楽天のインデックスファンドシリーズ、eMAXIS Slim シリーズ（どちらもアメリカ or 全世界）

＜ NISA まとめ＞

	つみたて投資枠	成長投資枠
年間投資上限	120万円	240万円
生涯限度額	合計で1800万円（うち、成長投資枠は1200万円まで）	
非課税期間	2024年以降、恒久化（ずっと非課税！）	
対象年齢	18歳以上の成人	
対象商品	投資信託※1	投資信託や株式など※2
大河内コメント	インデックス投資と相性◎ 	こっちも使うならつみたて投資枠と同じことをしよう※ 

※１ 旧つみたて NISA 対象商品と同様で、金融庁の審査を通過したもの
※２ つみたて投資枠と同様の商品に加えて、金融庁が法令に基づき監督及びモニタリングを実施した銘柄

お金を守るポイント

守る　投資信託は購入したら基本はほったらかし！

守る　NISA で増えたお金は、「4％の法則」を使って取り崩していくと、一生お金が減らない！

6章

iDeCo
実践編

iDeCoとNISA、結局どっちがおすすめ?

いやー
わっはっは
大河内さんのおかげでNISAができたよ～っ
ポンッ
これで私も投資家だね!
は～よかった
じゃあお世話になりましたっ
帰らないでー!!
待って!
なんですか? ごはん行きたいんですか?
違う! iDeCoのこと!
あんじゅ先生のようなフリーランスは年金が少ないから
iDeCoもぜひ使ってみてほしい!
え～
iDeCoってすごく重要なんだよ!
オホホホ
知らないと損するかも!
損はヤダ!
iDeCoはなんと言っても節税になる!
すごくな～い?
すごいのよ
投資信託を買いながら税金を減らせるんだ!
NISAも節税になったじゃん……
それでよくね?
iDeCoは毎月税金が安くなる!
理解して使えばNISAより税金がお得になる可能性がある!

ざっくり内容

- 証券口座の中の iDeCo 口座で、インデックス投資ができる
- うまく使えば節税がすごい！

ここがポイント

- 毎月積み立てる金額を**「掛金」**と呼ぶ
- **掛金は、全額所得「控除」**になる！＝所得税と住民税が安くなる！
- 投資の利益にかかる税金も“ずっと”非課税！
- 月5,000円から始められる（上限の金額は人によって違う）

ここに注意

- **60歳まで引き出せない**※
- 引き出し方は、一括か分割か（ここがとっても難しい！　詳細は236ページへ）

※加入から 10 年以上経過していない場合は、加入期間によって 61 ～ 65 歳に

● NISA と違う部分

- 毎月の掛金上限が人によって変わる（▶ 219ページ）
- 年金と同じ特徴を持っている（▶ 220ページ）
- 節税は「iDeCo ＞ NISA」？（▶ 221ページ）
- 最初の手続きにひと手間が必要（▶ 226ページ）
- 手数料が高い（▶ 226ページ）
- 商品の買い方が特殊（▶ 233ページ）
- 60歳まで引き出しができない

● NISA と同じ部分

- 国が用意してくれた制度
- 証券口座の中に iDeCo の口座がある
- インデックス投資ができる
- 毎月積み立てなので複利を活かせる
- 投資をしながら節税になる
- 老後資金のためなど長期投資に最適

ひと言で言うと、税金が優遇されたインデックス投資ができる口座！
レッドカーペットォー
NISAと同じだねっ
イエーイ！
でもiDeCoは年金に似ている！
NISAとの違いはあとで説明するよ
これ以上新しいことやるのめんどいなー
結局どっちがおすすめなんですか？
余裕があればどっちも！
でもどっちかひとつなら
現時点で所得が高い人と、60歳まで引き出せなくてOKな人はiDeCoから！
税金たかい…
所得税高い人
ヨユーある人
引き出せなくてもOKです！
まずiDeCoから
60歳まで引き出せないのがイヤな人はNISAかな！
ほー
じゃあiDeCoはいいかな〜っ
えーッ
一番のポイントは節税！ちょっと難しい話になるけど絶対に聞いてほしい！
節税の話は221ページ

働き方で変わる！ iDeCoの上限額

節税の前に…
iDeCoは年金の3階だから公的年金を払ってない人は加入できないからね？
年金なんかもらえねーよ！
だから払わねぇ
みんなちゃんと払おうなっ
iDeCoは人によって上限額が違う！
どういうこと？
こんな感じ！

<掛金の上限額>

	自営業やフリーランス	会社員	公務員	扶養されている人
月々の上限額	6万8000円	企業年金なしの場合 2万3000円 企業年金ありの場合 1万2000円～2万円	1万2000円	2万3000円

フリーランスは年金の2階部分がないから、iDeCoが多めにできる！
ウフフッ
アハハハ
フリーランスとの相性はいい！
ありがたや〜〜♡
私は多めにできるのか！
実は2016年までは公務員と専業主婦はiDeCoができなかった！
えっ
ええ！ヒドイ！
うん…

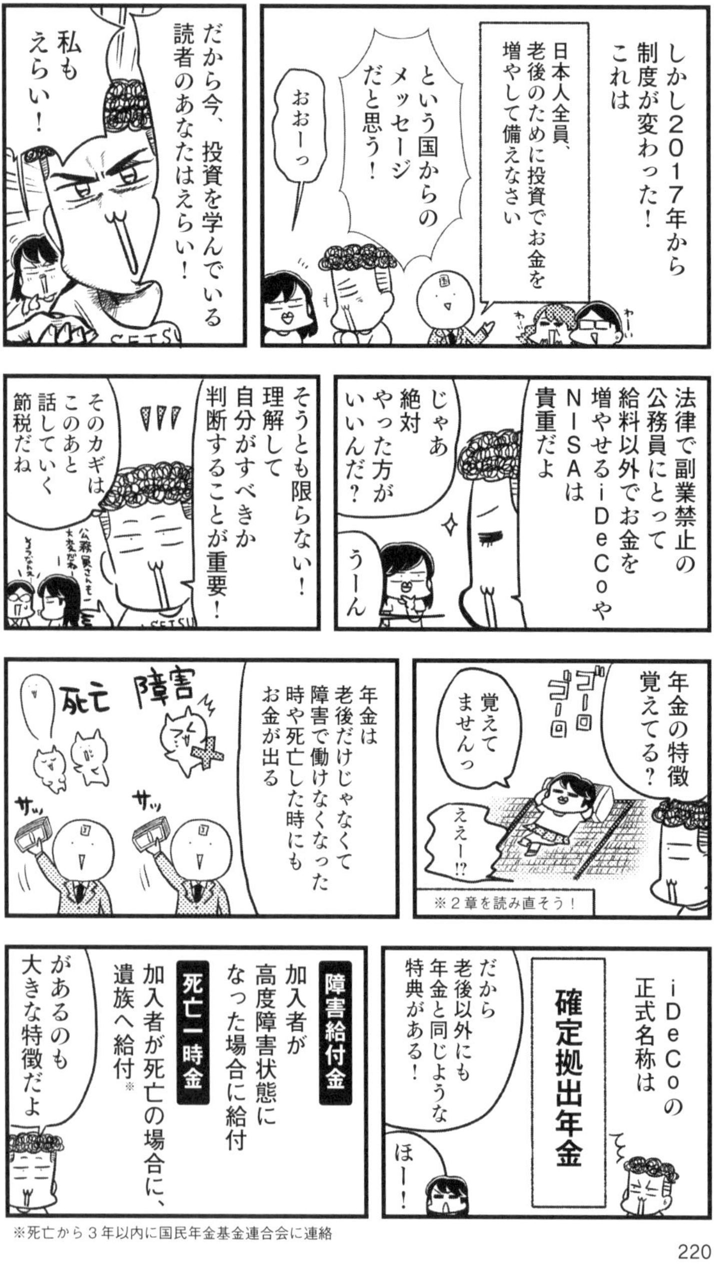
しかし2017年から制度が変わった！これは
日本人全員、老後のために投資でお金を増やして備えなさい
という国からのメッセージだと思う！
おおーっ
だから今、投資を学んでいる読者のあなたはえらい！
私もえらい！
法律で副業禁止の公務員にとって給料以外でお金を増やせるiDeCoやNISAは貴重だよ
じゃあ絶対やった方がいいんだ？
うーん
そうとも限らない！理解して自分がすべきか判断することが重要！
そのカギはこのあと話していく節税だね
年金の特徴覚えてる？
ゴロゴロ
覚えてませんっ
ええー!?
※2章を読み直そう！
年金は老後だけじゃなくて障害で働けなくなった時や死亡した時にもお金が出る
障害
死亡
サッ
サッ
iDeCoの正式名称は
確定拠出年金
だから老後以外にも年金と同じような特典がある！
ほー！
障害給付金
加入者が高度障害状態になった場合に給付
死亡一時金
加入者が死亡の場合に、遺族へ給付※
があるのも大きな特徴だよ

※死亡から3年以内に国民年金基金連合会に連絡

ぶっちゃけどれくらい節税になるの？
あの〜節税の話はまだですか？私はそれだけが気になるのです
え！
えーと じゃあ控除って覚えてる？
即答ッ
はい！覚えてますっ
これは忘れないのね
2章のおさらい
フリーランス
売上－経費－所得控除＝課税所得
会社員
給与－給与所得控除－所得控除＝課税所得
課税所得に税金がかかる！
控除が増えるほど税金が減るんですよね！
節税はいいですよね…だって税金がへるんですもん… フフフフ…
そうそう！iDeCoの毎月の掛金は全額控除になるんだよ♡
ヒャッハーッ
どれくらい節税になるの？
どーなの
あんじゅ先生の場合だと
フリーランスの上限
毎月68,000円
あんじゅ先生の税率は最低でも15%※
iDeCoで毎年12万円くらい節税できる
いいじゃん！毎年12万円の節税！
60歳までiDeCoをすると30年で……
360万円！

※所得税5%＋住民税10%

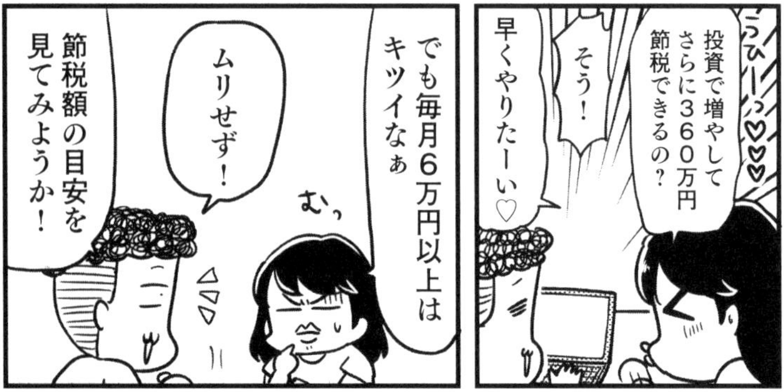

うひーっ♡♡♡
投資で増やしてさらに360万円節税できるの？
そう！
早くやりたーい♡
でも毎月6万円以上はキツイなぁ
むっ
ムリせず！
節税額の目安を見てみようか！

＜年間節税額の目安＞

			公務員・会社員（企業年金あり）	会社員（企業年金なし）	自営業・フリーランス
課税所得	税率		年間掛金上限額 14万4000円	年間掛金上限額 27万6000円	年間掛金上限額 81万6000円
	所得税	住民税	年間節税金額		
195万円以下	5％		2万1600円	4万1400円	12万2400円
195万円超 330万円以下	10％		2万8800円	5万5200円	16万3200円
330万円超 695万円以下	20％		4万3200円	8万2800円	24万4800円
695万円超 900万円以下	23％	10％	4万7520円	9万1080円	26万9280円
900万円超 1800万円以下	33％		6万1920円	11万8680円	35万0880円
1800万円超 4000万円以下	40％		7万2000円	13万8000円	40万8000円
4000万円超	45％		7万9200円	15万1800円	44万8800円

（楽天証券「個人型確定拠出年金（iDeCo）ガイド（2021年5月改訂版）」より）

※復興特別所得税は考慮なしで計算

収入と掛金の組み合わせで節税額が見えてくるよ
働き方で金額が違うのか

働き方や年収で iDeCoの 掛金上限が違うので 節税額も異なる！
サラリーマン
公務員
フリーランス
節税を理解するために 自分の税率を 知っておこう！
未来の節税額は 予想しづらいけど 代表的な例が こちら
ほーーう

会社員
の場合
年収400万円
（税率15％予想）

節税ウェーーイ

掛金が1万円なら
毎年の節税額
18,000円

上限額の
23,000円なら
毎年の節税額
41,400円

公務員
の場合
年収700万円
（税率30％予想）

ボクでも節税できますっ

掛金上限額の
12,000円なら
毎年の節税額
43,200円

専業主婦
（主夫）
の場合
年収なし

私はムリ…？

掛金上限額の
23,000円なら
毎年の節税額
0円

収入が多ければ税率が上がるけど……
節税できる額が増える……！
バリバリ
収入
税率
グーーン
節税
つまり稼ぎまくれば節税の額が増える……
ズバババ
節税
だからiDeCoは税金が高い人におすすめなのか！
なんかわかってキター！
そおだよおおお！
扶養される人は節税額0円ならNISAの方がいいの？
どーなの？
どうなのよっ
いや！それでもiDeCoの方が得なんだ！
理由は244ページ
まあ私は専業主婦になれなそうだし
いろいろ教えてくださりありがとうございまーす
ぴょーん
iDeCoが節税になるのは事実……
でも年金と同じで受け取りの時は税金がかかる……
SETSU☆ZEI
節税の話をするなら受け取る時の税金の話は外せない
でもこの話は複雑すぎる……！

iDeCoをすすめてくる人は
毎年節税になるからやった方がいいですよ
ニコッ
という、うたい文句ばかり……!
受け取る時の税金を正しく解説している人はほとんど見たことがない
フー…
でも僕は……
スクッ
SETSU☆ZEI
税理士
お金迷子の味方ッッ!!
誰よりもわかりやすくこの話に切り込む!!
ドン
SETSU☆ZEI
詳細は238ページへ

iDeCo口座を開こう
よし!
24h open
iDeCoってやつもやってあげましょう! 何からやればいいですか?
ぱかっ
証券口座を開く→iDeCo口座を開くの順番だよ! 証券口座はNISAの時と同じでOK!
ほーっ
手数料を考えるとiDeCoもネット証券がおすすめ!
＜iDeCoにかかる手数料＞
※すべて税込
●口座開設手数料
iDeCoを始める時にかかる。
全員一律2,829円
●運用管理手数料
iDeCoで運用中、毎月かかる。証券会社、金融機関によって0円〜数百円。
(ネット証券は0円が多いからおすすめ!)
●掛金支払いの都度　月105円
●委託手数料　月66円
●60歳以上受け取り時　440円
(分割受け取りだと毎回かかる)
楽天証券でiDeCo口座を開設する場合
まぁこれなら
最初に2,829円と毎月171円かかる
＋
受け取り時にもかかる
うけとりもかかるんかい!
未来
それを差し引いてもiDeCoは魅力的!
iDeCo口座開設に必要なものだよ
□基礎年金番号
□引き落とし口座情報と金融機関届出印
□印鑑
(ネット申込だと、印鑑は必要ない場合もある)
自分の基礎年金番号なんてわかりませんよ!
……だと思ったよ!

調べてみまーす！
つとめ先

基礎年金番号の調べ方

- **日本年金機構に問い合わせる**
  （本人確認書類とマイナンバーを手元に用意）
- **勤め先に問い合わせる**
  （保険の手続きをしている総務部や経理部が教えてくれる可能性あり）
- **ねんきん定期便など過去に届いた書類で確認する**

基礎年金番号が確認できる書類

- **年金証書**
  年金受給資格を満たした1～2ヶ月後に送付されている
- **国民年金保険料の納付書や口座振替通知書**
  第1号被保険者の人に、毎年4月頃に送付されている
- **ねんきん定期便**
  毎年誕生月に送られてくる（はがき）
- **青色の年金手帳**
  1997年1月以降に加入した人に交付されている
- **基礎年金番号通知**
  1996年12月以前に加入した人に送付されている

iDeCo口座を開設したらNISAと流れは同じ！買う投資信託を選ぶ！
えー！また選ぶやつかー
何にすればいい？

アメリカや全世界など自分が信じた指数に連動のインデックス投資をiDeCoでもやる！
iDeCoで買える商品
・投資信託
・定期預金や保険
商品は2種類あるけど基本は投資信託でOK
こっちー
SETSU
投資信託

iDeCo口座開設の流れ

①

証券口座のマイページから、資料を請求する

↓

②

証券会社から届く書類に記入して、
証券会社に提出する

会社員と公務員は提出

- **事業主の証明書**

会社員と公務員は、この書類を勤め先に記入してもらう。

全員提出

- **個人型年金加入申出書**
  - ・「基礎年金番号」と「月々の掛金」を記入する。
  - ・会社員と公務員は、勤め先に記入してもらった事業主の証明書にある「登録事業所名称」「登録事業所番号」「企業年金制度等の加入状況」を同じように記入する。
- **「預金口座振替依頼書　兼　自動払込利用申込書」**

引き落とす銀行口座の情報を記入し、届出印を押す。

↓

③

国民年金基金連合会の審査後、書類が届いたら
口座開設完了！

審査には1～2ヶ月かかる。
確認通知書類、ログインID、パスワードなどが届く。

＜個人型年金加入申出書の書き方のポイント＞

基礎年金番号
調べて記入
（調べ方は 225 ページへ）

被保険者の種別
該当するものにチェック

掛金の納付方法
口座振替の場合は、個人払込
給与天引きの場合は、事業主払込

掛金を引き落とす口座の情報を記入

毎月の掛金を記入

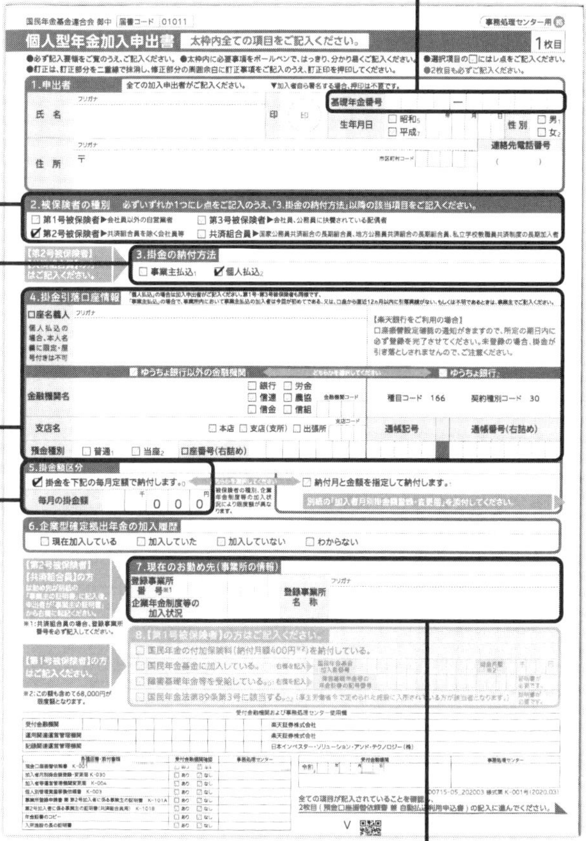

登録事業所番号／企業年金制度等の加入状況／登録事業所名称
勤め先に記入してもらった「事業主の証明書」と同じ内容を転記

＜楽天証券で iDeCo 口座を開設する場合＞

楽天証券の場合、226 ページの工程はほぼ Web で申し込みが完結するのでおすすめ！

（画面は 2021 年 7 月時点）

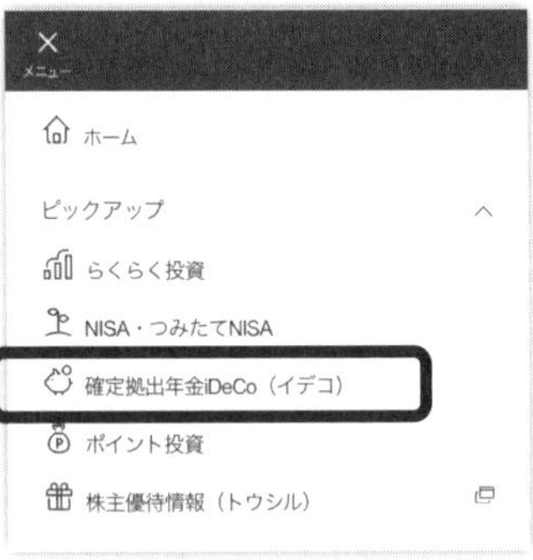

①楽天証券 HP のメニューから「確定拠出年金・iDeCo」を選択

②「加入申込をする」を選択

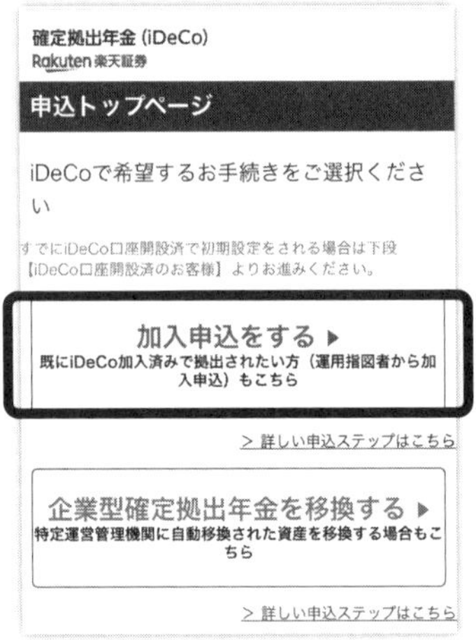

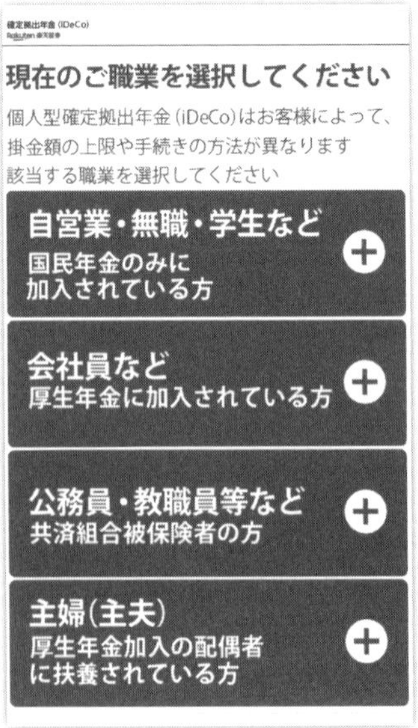

③自分の職業を選択

④（会社員と公務員の場合）「事業主の証明書」をダウンロードして、勤め先に記入してもらう

⑤各項目を記入。掛金額区分等は「毎月定額」を選択し、金額を入力

勤め先に記入してもらった「事業主の証明書」に書いてあるので同じ内容を入力すればOK！

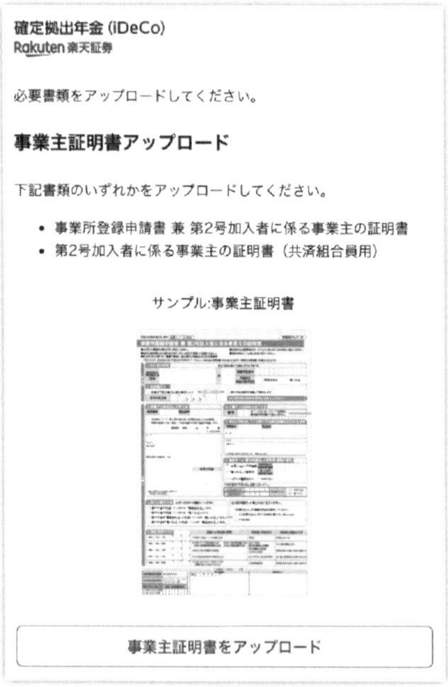

⑥勤め先に記入してもらった「事業主証明書」をアップロードする

⑦引き落とす銀行口座を登録する

⑧申し込み手続き完了！
(審査に1～2ヶ月かかる)

⑨国民年金基金連合会の審査通過後、書類やパスワードが書類で送られてきたら、口座開設完了！

iDeCoでどうやって買うの？

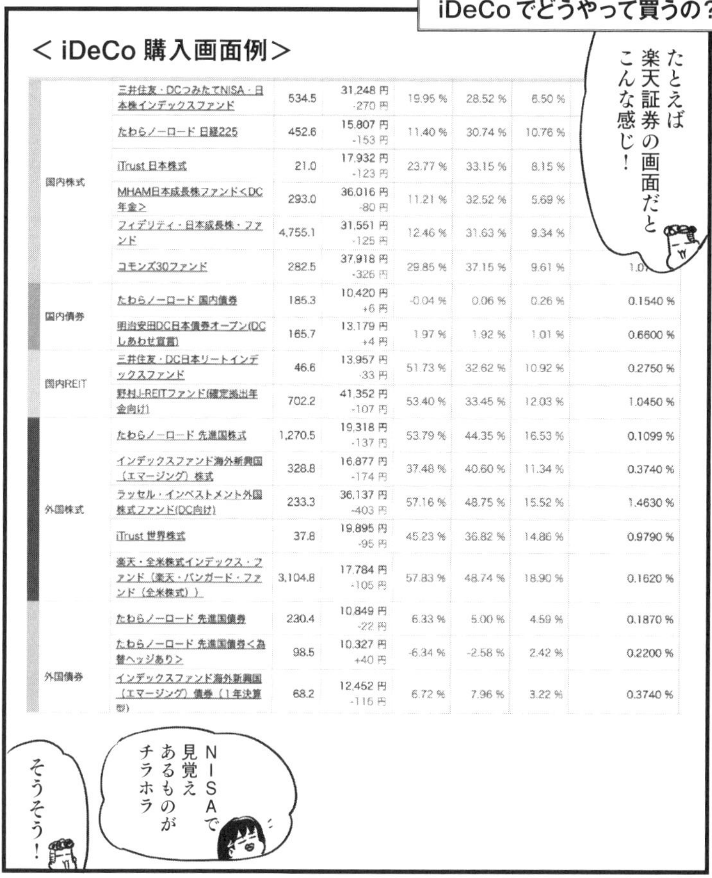

< iDeCo 購入画面例>

国内株式	三井住友・DCつみたてNISA・日本株インデックスファンド	534.5	31,248 円 -270 円	19.95 %	28.52 %	6.50 %	
	たわらノーロード 日経225	452.6	15,807 円 -153 円	11.40 %	30.74 %	10.76 %	
	iTrust 日本株式	21.0	17,932 円 -123 円	23.77 %	33.15 %	8.15 %	
	MHAM日本成長株ファンド＜DC年金＞	293.0	36,016 円 -80 円	11.21 %	32.52 %	5.69 %	
	フィデリティ・日本成長株・ファンド	4,755.1	31,551 円 -125 円	12.46 %	31.63 %	9.34 %	
	コモンズ30ファンド	282.5	37,918 円 -326 円	29.85 %	37.15 %	9.61 %	1.0
国内債券	たわらノーロード 国内債券	185.3	10,420 円 +6 円	-0.04 %	0.06 %	0.26 %	0.1540 %
	明治安田DC日本債券オープン(DCしあわせ宣言)	165.7	13,179 円 +4 円	1.97 %	1.92 %	1.01 %	0.6600 %
国内REIT	三井住友・DC日本リートインデックスファンド	46.6	13,957 円 -33 円	51.73 %	32.62 %	10.92 %	0.2750 %
	野村J-REITファンド(確定拠出年金向け)	702.2	41,352 円 -107 円	53.40 %	33.45 %	12.03 %	1.0450 %
外国株式	たわらノーロード 先進国株式	1,270.5	19,318 円 -137 円	53.79 %	44.35 %	16.53 %	0.1099 %
	インデックスファンド海外新興国（エマージング）株式	328.8	16,877 円 -174 円	37.48 %	40.60 %	11.34 %	0.3740 %
	ラッセル・インベストメント外国株式ファンド(DC向け)	233.3	36,137 円 -403 円	57.16 %	48.75 %	15.52 %	1.4630 %
	iTrust 世界株式	37.8	19,895 円 -95 円	45.23 %	36.82 %	14.86 %	0.9790 %
	楽天・全米株式インデックス・ファンド（楽天・バンガード・ファンド（全米株式））	3,104.8	17,784 円 -105 円	57.83 %	48.74 %	18.90 %	0.1620 %
外国債券	たわらノーロード 先進国債券	230.4	10,849 円 -22 円	6.33 %	5.00 %	4.59 %	0.1870 %
	たわらノーロード 先進国債券＜為替ヘッジあり＞	98.5	10,327 円 +40 円	-6.34 %	-2.58 %	2.42 %	0.2200 %
	インデックスファンド海外新興国（エマージング）債券（1年決算型）	68.2	12,452 円 -116 円	6.72 %	7.96 %	3.22 %	0.3740 %

たとえば楽天証券の画面だとこんな感じ！
NISAで見覚えあるものがチラホラ
そうそう！

どの指数に連動するか手数料が安いかなど、選び方は同じ！
NISAと同じものを買ってもOK
SETSU
ただし買い方がNISAと少し違う
ほー…

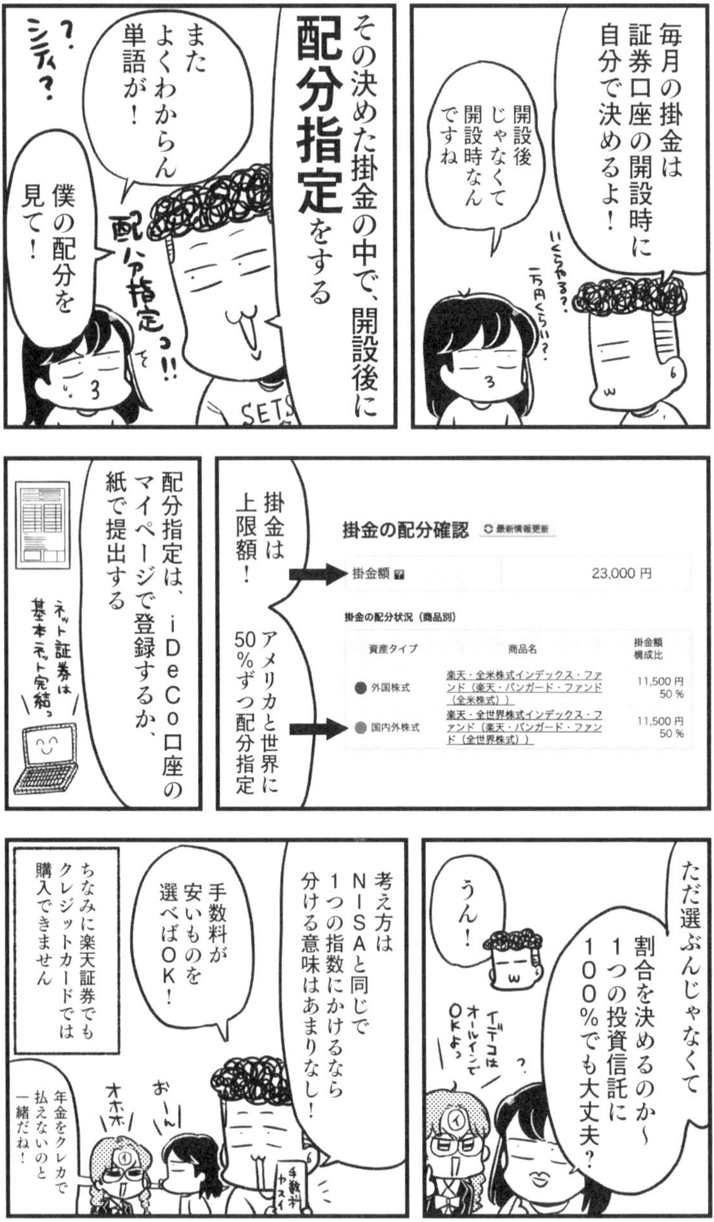
毎月の掛金は証券口座の開設時に自分で決めるよ！
開設後じゃなくて開設時なんですね
いくらやる？
一万円くらい？
その決めた掛金の中で、開設後に配分指定をする
またよくわからん単語が！
？シテイ？
配分指定っ!!
を
僕の配分を見て！
SETS
掛金は上限額！
アメリカと世界に50％ずつ配分指定
掛金の配分確認
最新情報更新
掛金額
23,000 円
掛金の配分状況（商品別）
資産タイプ
商品名
掛金額構成比
外国株式
楽天・全米株式インデックス・ファンド（楽天・バンガード・ファンド（全米株式））
11,500 円 50 %
国内外株式
楽天・全世界株式インデックス・ファンド（楽天・バンガード・ファンド（全世界株式））
11,500 円 50 %
配分指定は、iDeCo口座のマイページで登録するか、紙で提出する
ネット証券は基本ネット完結っ
ただ選ぶんじゃなくて割合を決めるのか～
1つの投資信託に100％でも大丈夫？
うん！
イデコはオールインでOKよっ
？
考え方はNISAと同じで1つの指数にかけるなら分ける意味はあまりなし！
手数料が安いものを選べばOK！
ちなみに楽天証券でもクレジットカードでは購入できません
年金をクレカで払えないのと一緒だね！
おーん
オホホ
手数料ヤスイ

節税のために、忘れずに申告！
よし！配分指定も完了！iDeCoもクリア〜！
ウフフ……
ばーーん
……何か忘れてません？
えっ？
節税……控除……
申告!!
年金番号登録してるし国がちょちょいとやってくれないいんですか？
それがねー
やってくれないのよ
なんでよっ
自分で伝えないといけない
なんのための年金番号だよ！
よく投資信託を買って満足して節税し忘れる人がいるんです（※やらないと大損します）
まるで未来の私のようだ!!
忘れた人…
はああぁぁ
控除を使って節税するには
・年末調整 or ・確定申告
どちらかをきちんとやるべし！
スチャ
めんどそう…

＜確定申告書 B＞

（国税庁 HP「確定申告書、青色申告決算書、収支内訳書等」より）

「小規模企業共済等掛金控除」に
その年の掛金の合計を記入する。

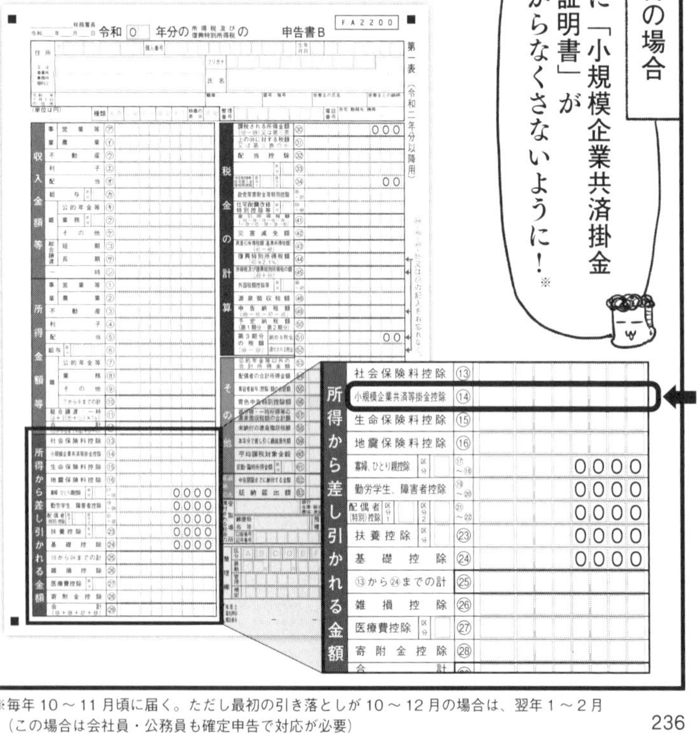

確定申告の場合

事前に「小規模企業共済掛金払込証明書」が届くからなくさないように！※

※毎年 10 ～ 11 月頃に届く。ただし最初の引き落としが 10 ～ 12 月の場合は、翌年 1 ～ 2 月（この場合は会社員・公務員も確定申告で対応が必要）

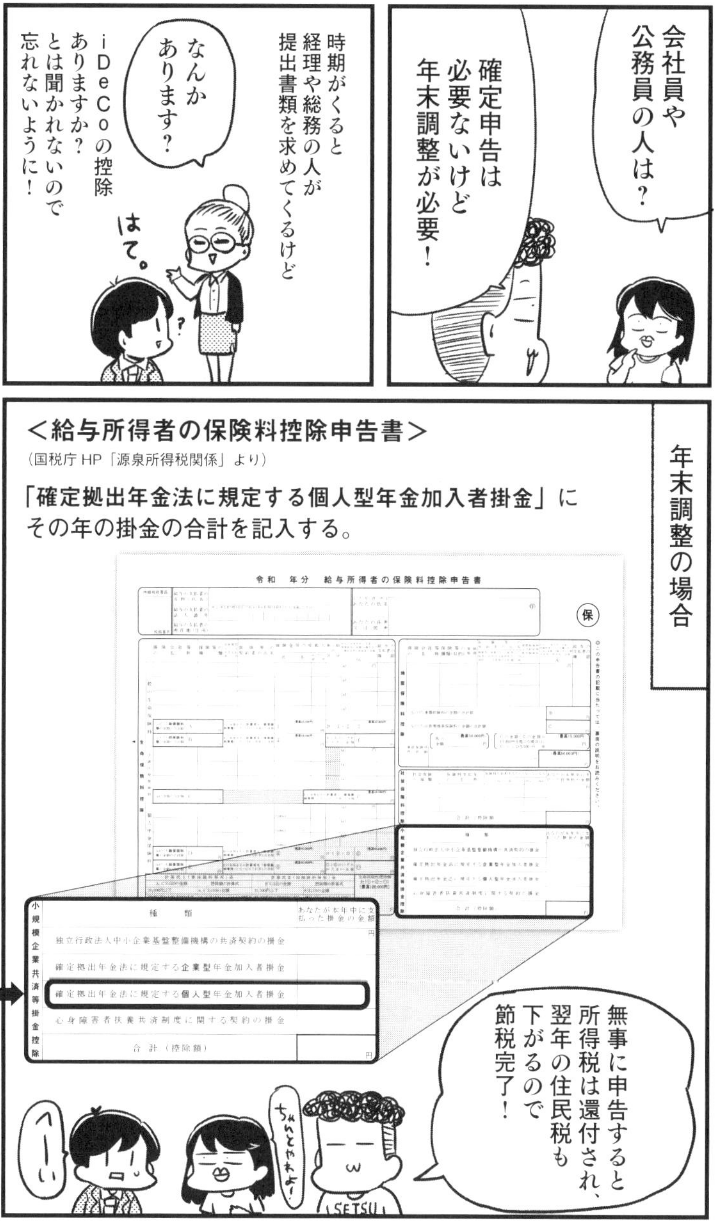
会社員や公務員の人は？
確定申告は必要ないけど年末調整が必要！
時期がくると経理や総務の人が提出書類を求めてくるけど
なんかありますか？
はて。
?
iDeCoの控除ありますか？とは聞かれないので忘れないように！
年末調整の場合
＜給与所得者の保険料控除申告書＞
（国税庁 HP「源泉所得税関係」より）
「確定拠出年金法に規定する個人型年金加入者掛金」にその年の掛金の合計を記入する。
令和　年分　給与所得者の保険料控除申告書
保
小規模企業共済等掛金控除
種類
あなたが本年中に支払った掛金の金額
独立行政法人中小企業基盤整備機構の共済契約の掛金
確定拠出年金法に規定する企業型年金加入者掛金
確定拠出年金法に規定する個人型年金加入者掛金
心身障害者扶養共済制度に関する契約の掛金
合計（控除額）
円
無事に申告すると所得税は還付され、翌年の住民税も下がるので節税完了！
ちゃんとやれよ！
へーい
SETSU

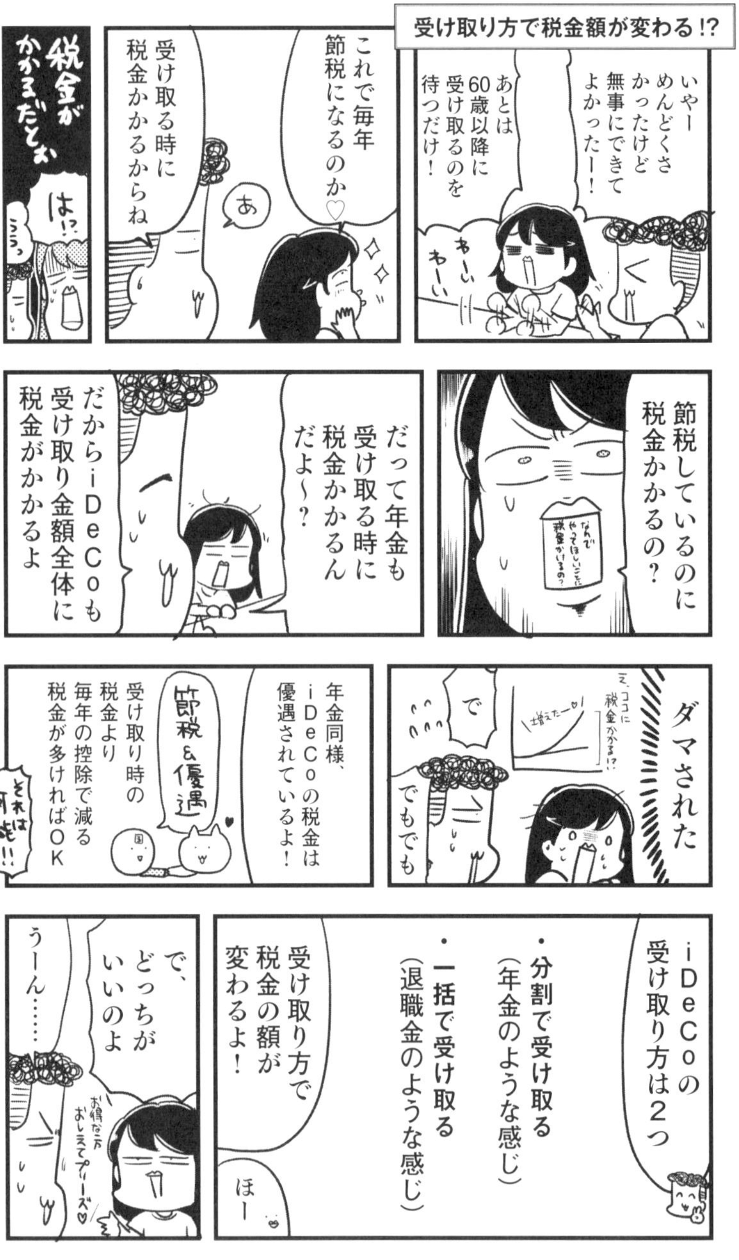
受け取り方で税金額が変わる!?
いやーめんどくさかったけど無事にできてよかったー！
あとは60歳以降に受け取るのを待つだけ！
わーい わーい
これで毎年節税になるのか♡
あ
受け取る時に税金かかるからね
税金がかかるだとぉ
は!?
ううっ
節税しているのに税金かかるの？
なんでやってほしいことに税金かけるの？
だって年金も受け取る時に税金かかるんだよ〜？
だからiDeCoも受け取り金額全体に税金がかかるよ
ダマされた
え、ココに税金かかる!?
増えたー♡
で
でもでも
年金同様、iDeCoの税金は優遇されているよ！
節税&優遇
国
受け取り時の税金より毎年の控除で減る税金が多ければOK
それは可能!!
iDeCoの受け取り方は2つ
・分割で受け取る（年金のような感じ）
・一括で受け取る（退職金のような感じ）
受け取り方で税金の額が変わるよ！
ほー
で、どっちがいいのよ
お得な方おしえてプリーズ♡
うーん……

涙が出るほど複雑で答えられない！
ひぇー
SETSU
とても難しいけど
どう受け取るかで税金額が変わる
分割！
一括！
その時がきたら自分で考えなきゃいけない
はーい
ってことは覚えておいてほしい！
時は満ちた…
iDeCoを分割で受け取る時の税金の仕組みだよ
●分割で受け取る場合（年金として受け取る）
年間で受け取る金額 － 公的年金等控除 － 所得控除
＝ 課税所得
ここに税金がかかる
なんか見覚えありますね！
公的年金等控除のおかげで税金は低くなる
ちなみに年金の受け取りも考え方は同じ！年間の年金額とiDeCoの額を合計して上記の計算をする！
う〜ん
計算じゃあ…
なんかムズいな〜
公的年金等控除は複雑なので覚えなくてOK！
覚えておいて欲しいのは
iDeCoの受け取り方は分割よりも先に一括を考える！
一括で！
え？一括受け取りがいいの？
SETSU

じゃあ分割のことなんて教えないでくださいよ！
分割受け取りも判断する時に重要なんだよ!!
ぴー
ぴー
年金にかかる税金の勉強にもなったでしょ？
まあたしかに
ぐぬぬっ
年金に税金がかかるなんて知らなかった！
お国の陰謀ですかね…!?
よしっ
一括の方が得する場合が多い！例を見てみよう！
おーーっ
わーい
一括受け取りの場合なんと言っても退職所得控除が使える！
退職
ビシ
あー私はフリーランスなんで退職金もらえないんですよ
なめっ
いや！ iDeCoを一括受け取りで退職金のようにすると
めちゃくちゃお得な退職所得控除がフリーランスでも使える！
もちろん…専業主婦（主夫）でもっ
フリーランスでもいいの!?
お得なの!?
iDeCoは
分割で受け取ると
年金扱い
一括で受け取ると
退職金扱い
ほうほう
一括の時の税金の計算はこちら
●一括で受け取る場合
（退職金として受け取る）
（受け取る額 − 退職所得控除）÷2＝課税所得
ここに税金がかかる
複雑だなぁ
本当にすごいんだよ！

会社員の場合
えへ♡
上限2万3000円で30年間
平均利回り5%で掛金828万円だと
パァァァー
約1900万円
30年後
30年…
増えた金額が1072万円!
あらためて複利で増えるのすごいですね
でしょーでね!
フーン
一括受け取りの税金を計算すると
(1900万円－1500万円※)÷2
＝200万円
課税所得が200万円だから
所得税と住民税で約30万円
控除して、さらに÷2してるってこと?
そう
課税所得を半分にしてくれる大盤振る舞い!
ホー
ホー
?

※退職所得控除の計算方法は241ページで

でもせっかく積み立てたのに税金で30万円も払うのかー
なんかもったいなー〜…
税金めぇ
ブン
ブン
でもこれはめちゃくちゃ少ないよ!
増えた金額
投資の税率
1072万円×20.315%＝約218万円
これが一般の投資だったら税金が218万円かかる!
ヤベーぜイデコ
えぇーiDeCoすごーい!

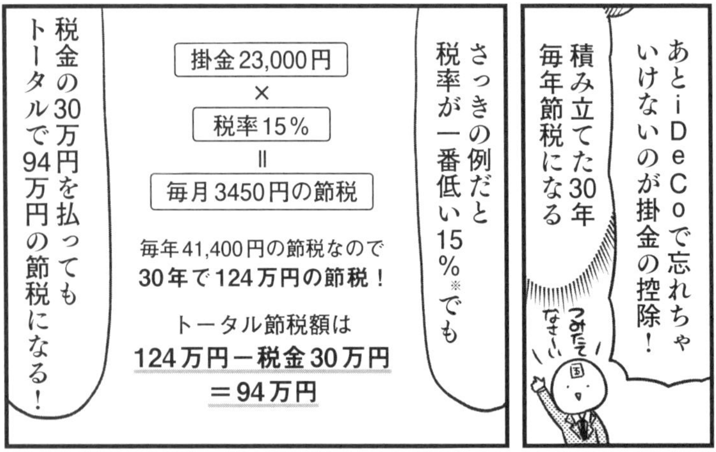
あとiDeCoで忘れちゃいけないのが掛金の控除！
積み立てた30年毎年節税になる
つみたてなさーい
さっきの例だと税率が一番低い15%※でも
掛金23,000円
×
税率15%
=
毎月3450円の節税
毎年41,400円の節税なので
30年で124万円の節税！
トータル節税額は
124万円－税金30万円
＝94万円
税金の30万円を払ってもトータルで94万円の節税になる！

※所得税5%、住民税10%の場合

ま……めちゃ得してるってこと？
そう！めちゃ得してるってこと！
やったーやったー
わーいわーい
iDeCoの節税は受け取る時もセットで考えるべき！
さっきの例だと分割より一括の方がお得！
ビシッ
ほー？
全員一括で受け取った方がいいってこと？
その可能性が高いけど全員ではない
あ…
あぁん!?

人によって計算が違うから判断が必要！　だからさっきの退職所得控除の仕組みだけは覚えてほしい！
誰も損させたくないっっ
わかったよ
退職所得控除額の計算がこれだ！

勤続年数※(=A)	退職所得控除
20年以下	40万円×A（80万円に満たない場合は80万円）
20年超	800万円＋70万円×(A-20年)

※ iDeCoの場合
勤続年数＝iDeCoの掛金を払った期間
こ、こんな計算式覚えられるわけ……
ス…
計算式は覚えなくていい……
でも仕組みは理解して表を見ながら計算できるように……全員金額違うから……
いいの!?
どんな表情!?
いいくのですよ…
基本は一括が得な場合が多い
が！
60歳
60歳前後に退職金をもらえる人は気をつけて！
気をつけるって何を!?
最後に重要な話！働き方ごとのお得な受け取り方を見てみよう！
ぐっ

お得な受け取り方の目安

①専業主婦（主夫）

一括受け取りでＯＫ

専業主婦はｉＤｅＣｏでの毎年の節税効果がないけど、受け取り時に税金がかかる。よって、ずっと非課税のＮＩＳＡで長期投資をした方がお得！

長期投資するなら、ＮＩＳＡの方が税金的にお得！

②フリーランス

一括受け取りでＯＫ

ただし上限額６万８０００円を長期投資だと受け取り額が大きくなる可能性あり。その場合、退職所得控除からはみ出る部分を、分割受け取りに回すイメージ（併用可能）。

掛金が上限額より少なめなら一括かな？

③退職金がない会社員

一括受け取りでＯＫ

上限額２万３０００円なので一括で受け取っても退職所得控除から大きくはみ出ることはない。

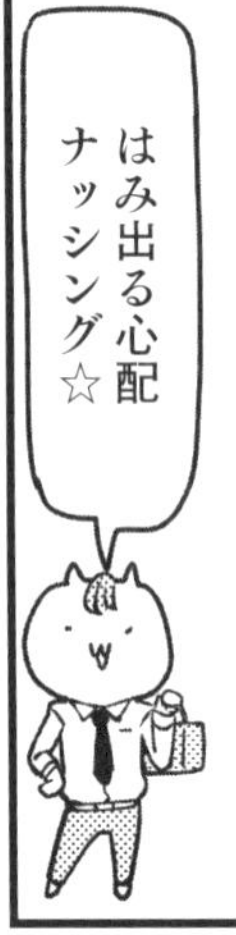
はみ出る心配ナッシング☆

注意！

④退職金がもらえる会社員や公務員

一括or分割　判断が必要

実は超難解なパターン。退職金で退職所得控除を使い切ってしまうため一括と分割の併用検討がオススメ（詳細は次のページと補足へ）。

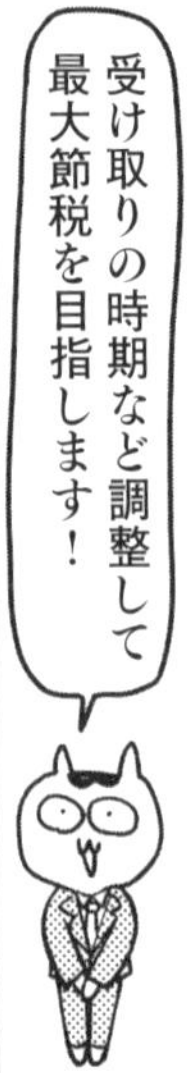
受け取りの時期など調整して最大節税を目指します！

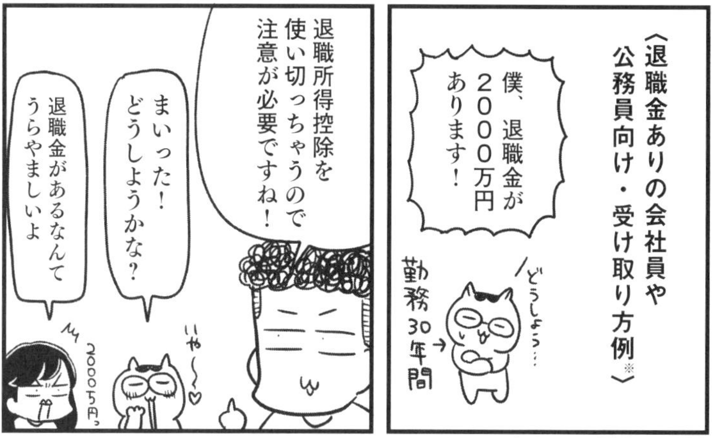
〈退職金ありの会社員や公務員向け・受け取り方例※〉
僕、退職金が2000万円あります！
勤務30年間
どうしよう…
退職所得控除を使い切っちゃうので注意が必要ですね！
まいった！どうしようかな？
退職金があるなんてうらやましいよ
いや〜
2000万円っ

※ 239ページのケースで退職金ありの場合

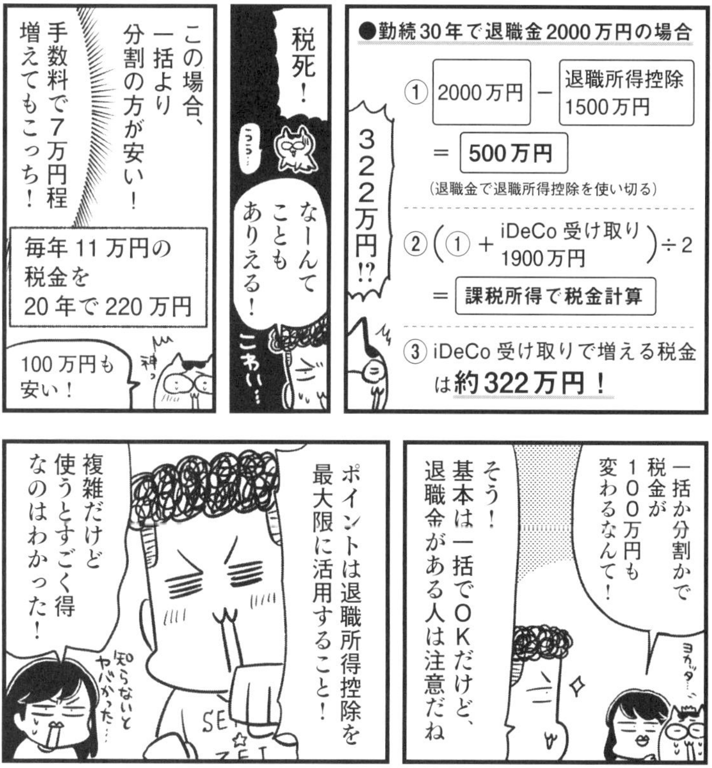
●勤続30年で退職金2000万円の場合
① 2000万円 − 退職所得控除 1500万円
= 500万円
（退職金で退職所得控除を使い切る）
② （① + iDeCo受け取り 1900万円）÷ 2
= 課税所得で税金計算
③ iDeCo受け取りで増える税金は約322万円！
322万円!?
税死！
うう…
なーんてこともありえる！
こわい…
この場合、一括より分割の方が安い！
手数料で7万円程増えてもこっち！
毎年11万円の税金を20年で220万円
100万円も安い！
神っ
一括か分割かで税金が100万円も変わるなんて！
そう！基本は一括でOKだけど、退職金がある人は注意だね
ヨカッタ…
ポイントは退職所得控除を最大限に活用すること！
複雑だけど使うとすごく得なのはわかった！
知らないとヤバかった…

補足 退職金がもらえる会社員や公務員向け・iDeCo受け取りの考え方

一番重要なのは、退職金やiDeCoをもらう時期。
下記ができれば、退職所得控除がiDeCoと退職金の両方に使えます。

①iDeCoを受け取ったあと、5年以上空けて退職金をもらう
②退職金をもらったあと、15年以上空けてiDeCoを受け取る

ただし、iDeCoの受け取り年齢制限が70歳までと考えると、②の場合は55歳に退職しないといけないので、早期退職となってしまい現実的ではないかもしれません。※1
それよりも「60歳でiDeCoの受け取りで退職所得控除を使い切り、65歳以上まで働いて、会社から退職金をもらう時に“もう一度”退職所得控除を使う」。これなら現実的にありえそうです。

この2パターンの「○年以上空けて受け取ると、退職所得控除が2回使える」というのは、正直使いづらいです。けれど使えれば数百万円の節税につながることもあるので、しっかりと覚えておいて、時期がきたら考えましょう。

まとめ

①退職所得控除を退職金とiDeCoで2回使えないか考える＝受け取り時期を考える

②無理そうなら退職金で退職所得控除を使って、iDeCoを分割受け取りへ

● iDeCoの受け取り方

受け取り手続きは、記録関連運営管理機関（RK）の管轄です。※2

①60歳を超えるとRKから書類が送られてくる
②受け取りの指示を書類に記載して返送
③審査が終わったら「給付金裁定結果通知書」が郵送されてくる
④自分の銀行口座で受け取り

※1　2022年〜、iDeCoの受け取り年齢制限が75歳になる
※2　現状日本では4社しかない。楽天証券の場合は、JIS&T社から連絡がくる

大河内先生のやさしいお金講座⑨

iDeCo口座開設の悲劇

iDeCoを始められない

僕は日々YouTubeやSNSで発信をしているので、相談や質問が多数寄せられます。その中でiDeCoに関する悲惨な話をひとつご紹介。

6章で解説した通り、iDeCoの口座開設で必要になるのが、**「勤め先が記載する書類」**です。

実はこれがハードルとなってiDeCoを始められない人もいるんです。しかも僕に相談が寄せられるくらいですから、1人や2人じゃないみたいで……。

iDeCoを始めようとして会社に書類の記載を依頼する↓自分以外の社員全員がiDeCoの存在を知らなくて、「iDeCo? 何それ? 投資? 副業?」などと怪しまれ、書類に記載をしてもらえない……なんてことがあるそうなんです。これは本当に悲劇ですよね。日本にお金の教育がないから仕方がないといえばそれまでですが……。国も推奨しているならもっと普及に力を入れて欲しいものです。

もしも、あなたや周りの方が会社に怪しまれたら「副業ではなく、リスク低めの投資、何より国が推奨している国の制度」ということを、本書を見せて説得してください!

また、イデコダイヤル(0570-086-105)に相談してみるのもアリです。

あとはどうしてもダメな場合は、2024年12月を待ちましょう。iDeCo公式ホームページによると、2024年12月を目標に企業の証明なしでiDeCoが始められるようになる予定です。

大河内先生のやさしいお金講座⑩

この先・iDeCoを続ける上で、知っておくと安心な話

iDeCo特有の用語を確認しよう

iDeCoには特有の用語がいくつかあるので確認をしておきましょう。大して重要ではありません。しかもわかりづらいので、「ふーん」くらいで大丈夫です（笑）。

●リバランス

たとえばiDeCoで、S&P500に連動する投資信託と、全世界株式に連動する投資信託を50%ずつの配分で積立投資をしていくとします。

数年後、積み立てた資産の割合が、S&P500の値上がりが影響して、S&P500と全世界株式で60%と40%になったとしましょう。これを当初の割合の50%ずつに戻すことを、**リバランス**と言います。

iDeCo口座内に〝リバランス依頼〟みたいなものがあるわけではありません。このケースだとS&P500の投資信託を売って、全世界株式の投資信託を買うことで、自分で50%の割合になるように調整します。

おそらく、当初の割合に戻す＝リバランスはあまり使わないと思います。全体のバランスと自分の年齢などを考慮して、資産の入れ替え作業をすることの方が重要になってくるでしょう（たとえば、老後の受け取り時期が近づいてきたので、変動が激しい投資信託を債券にするなど）。

●スイッチング

リバランスをするにも、投資信託を債券などにするにも、持っている資産を売却して違う資産を購入する必要があります。この、**iDeCoですでに積み立てた資産を売却して、違う資産を購入すること**を**スイッチング**と呼びます。

売却には信託財産留保額（売却時手数料）がかかる可能性があることは覚えておきましょう。

●配分変更

iDeCoは、①毎月積み立てる投資信託・債券などを決めて、②その資産ごとの積み立てていく割合を決める、というルールがありました。買い方が特殊ですね（1種類の資産を積み立てる場合でも、資産を選択して、配分割合100％に設定する必要があります）。**翌月以降の積み立て割合を変更すること**を、**配分変更**と呼びます。

特殊な用語が多いですが、特に覚える必要はありません。「売却して購入し直した」とか、「来月から買う資産を変更した」というように、自分が何をしているかわかっていれば大丈夫です。

もし途中で変更したくなったら？

●金融機関を変更したくなったら？

すでにiDeCoを利用している方が、本書を読んでもっと手数料の安いネット証券や、より商品が豊富なネット証券に変えたくなるかもしれません。

その場合は「**変更する先の金融機関や証券会社に問い合わせる**」と、覚えておきましょう。

●働き方が変わったら？

公務員の方が会社員になったり、会社員の方がフリーランスになったりするなど、**働き方が変わった場合は掛金の上限額が変わるので、手続きをする必要があります**。「働き方が変わったら、自分がiDeCo口座を開いている金融機関や証券会社に問い合わせる」と覚えておけば大丈夫です。

詳細な手続きとしては、「被保険者種別変更届」を金融機関に提出します。また、上限額が変わったことで、月々の掛金の額を変更する場合は「加入者掛金額変更届」も同時に提出します。ですが、特に名前を覚える必要はありません。問い合わせれば解決します。
ただし働き方が変わったにもかかわらず、問い合わせて手続きをしない場合、当初設定した積立投資が行われないことがあるので要注意です。

●もし中断したくなったら？

ｉＤｅＣｏは原則解約が不可能です。ただし、いくつかの要件を満たせば、解約（脱退）は可能です。しかし要件の中に「国民年金の保険料免除者」というものがあるので、現役で働いている限りは絶対に解約（脱退）できないと覚えておきましょう。早期退職して収入がなくなれば、可能性はあるので問い合わせをしましょう。
解約よりも覚えておいてほしいのは、**「毎月の掛金の額の変更」と「毎月の掛金支払いの停止」**です。
どうしても開始当初の状況と変わってしまって、毎月の掛金支払いが厳しくなる時があるかもしれません。そんな時は減額の手続きができるので、金融機関や証券会社に問い合わせをしましょう。完全に支払いができなくなった時は、手続きをすれば毎月の掛金支払いが停止されます。ただし、その後も口座管理手数料はかかります。

企業型確定拠出年金とｉＤｅＣｏ

●企業型確定拠出年金制度とｉＤｅＣｏの併用

１３０ページのコラムで説明した**「企業型の確定拠出年金制度とｉＤｅＣｏの併用」は可能ですが、注意が必要です。**
ｉＤｅＣｏの上限金額が、企業型の上限範囲内になるので、ｉＤｅＣｏに拠出した金額分、企業型ＤＣの枠が減ります。たとえば、月２万円をｉＤｅＣｏに拠出するなら、本来の企業型の枠５万５千円が３万５千円に減るといった具合です。
企業型の掛金の負担者は会社です。**企業型に加入できる人は、併用ではなく、会社が掛金を負担して**

くれる企業型を中心に考えた方が良さそうです。

＜iDeCo と企業型 DC との関係＞

	iDeCo 上限額	企業型 DC の上限額
企業型 DC のみに加入	20,000円	55,000円
企業型 DC と確定給付年金（DB）に加入	12,000円	27,500円

※企業型 DC の上限の範囲内で、iDeCo に加入できる

イデ子、
大注目ってよ！
覚えておいてね！
オホホ

6章のまとめ

◎ iDeCo は、節税効果が高い！
（掛金が全額控除、受け取り時の税金が優遇）

◎ iDeCo は働き方によって、上限額や節税額が違う！

◎節税のために、会社員は「年末調整」、フリーランスや個人事業主は「確定申告」で、忘れずに申告！

お金を守るポイント

守る iDeCo の受け取り方（一括 or 分割）で、税金額が変わる場合がある

守る 60歳前後で退職金がもらえる人は、iDeCo の受け取り方によっては損をする場合もあるので注意！

7章

「日常に潜む罠」から お金を守る！

投資詐欺から身を守る方法

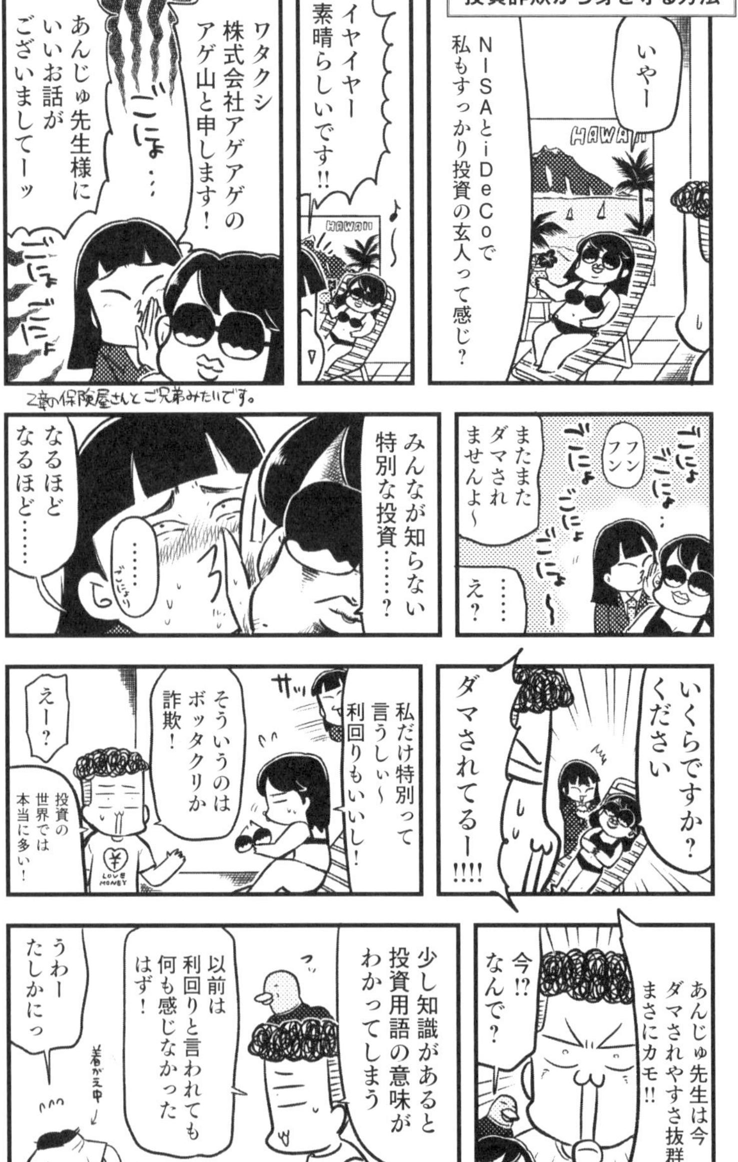
いやー
NISAとiDeCoで私もすっかり投資の玄人って感じ？
HAWAII
イヤイヤー素晴らしいです!!
♪〜
ワタクシ株式会社アゲアゲのアゲ山と申します！
ごにょ…
あんじゅ先生様にいいお話がございましてーッ
ごにょごにょ
2章の保険屋さんとご兄弟みたいです。
ごにょごにょ…ごにょごにょごにょ〜
フンフン
またまたダマされませんよ〜
……え？
みんなが知らない特別な投資……？
……
ごにょり
なるほどなるほど……
いくらですか？ください
ダマされてるー!!!!
私だけ特別って言うしぃ〜利回りもいいし！
サッ
そういうのはボッタクリか詐欺！
えー？
投資の世界では本当に多い！
LOVE MONEY
あんじゅ先生は今ダマされやすさ抜群！まさにカモ!!
今!? なんで？
少し知識があると投資用語の意味がわかってしまう
以前は利回りと言われても何も感じなかったはず！
うわーたしかにっ
着がえ中

そういう時が一番危ない!!
ビシィ
うーん じゃあ どうすれば いいの？
それはね
投資詐欺から身を守るには3つのポイントがある
相場
1つ目は相場を知る！
相場？利回り5%を目指すってこと？
そうそう！
投資の神様バフェットでも平均利回り20%なんだから
押忍
でも……
15%とか20%とか言われても耳を傾けない！
あなただけに特別なお話
って…
ぴく。
それ!!
2つ目 あなただけに特別は存在しない!!
ガーン
たとえばバフェットさんが突然声をかけてきて
投資初心者なの？大変だね！20%のヒケツ教えよっか？
ええっ
なんてことあると思う？
ない…
僕らは特別じゃないんだから神様レベルの話はこないの！
そもそも「あなただけ」はウソ！
くどくど
他の人も買わないと成り立たないから
あなただけ営業せねば売れぬ商品……
欲しい？
欲しくない
あーん
本当にいいものなら営業しなくても勝手に売れていくんだから！

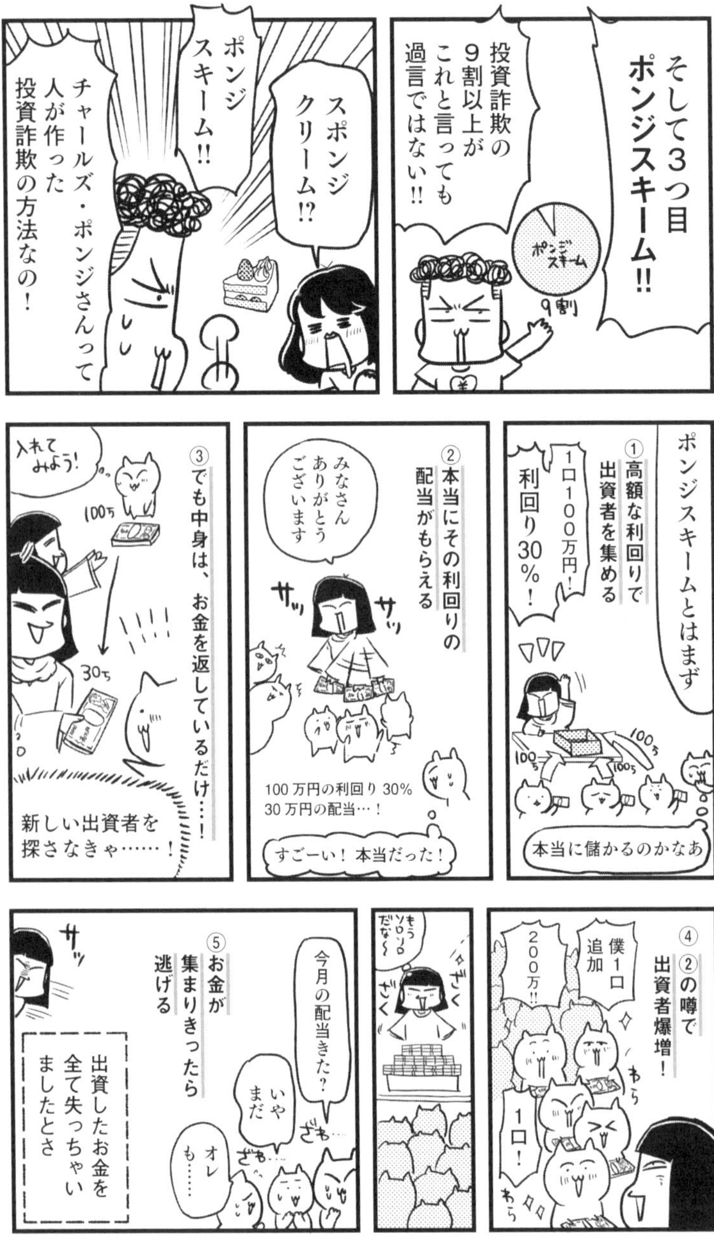
そして3つ目
ポンジスキーム!!
投資詐欺の9割以上がこれと言っても過言ではない!!
ポンジスキーム
9割
スポンジクリーム!?
ポンジスキーム!!
チャールズ・ポンジさんって人が作った投資詐欺の方法なの!
ポンジスキームとはまず
①高額な利回りで出資者を集める
1口100万円!
利回り30%!
100万
100万
100万
本当に儲かるのかなあ
②本当にその利回りの配当がもらえる
みなさんありがとうございます
サッ
サッ
100万円の利回り30%
30万円の配当…!
すごーい!本当だった!
③でも中身は、お金を返しているだけ…!
入れてみよう!
100万
30万
新しい出資者を探さなきゃ……!
④②の噂で出資者爆増!
僕1口追加200万!!
1口!
わら
わら
もうソロソロだな~
ざく
ざく
⑤お金が集まりきったら逃げる
今月の配当きた?
いやまだ
オレも……
ざわ…
ざわ…
サッ
出資したお金を全て失っちゃいましたとさ

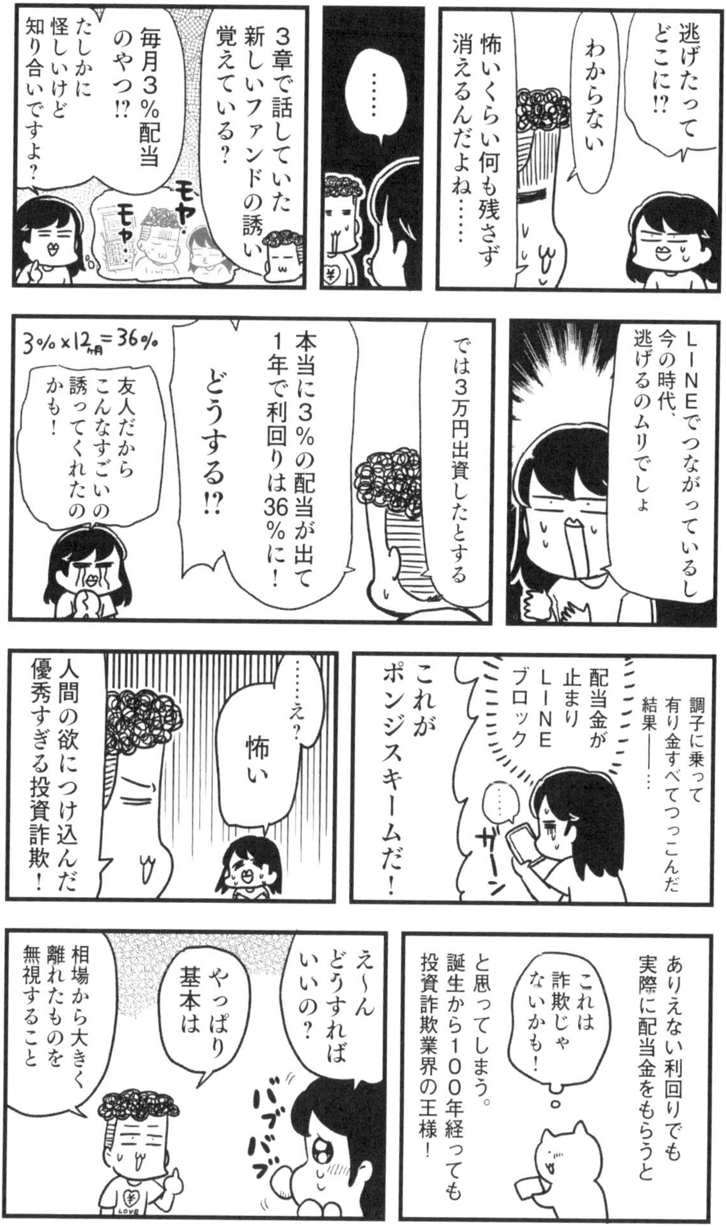
逃げたって
どこに⁉
わからない
怖いくらい何も残さず
消えるんだよね……
……
3章で話していた
新しいファンドの誘い
覚えている？
毎月3％配当
のやつ⁉
モヤ モヤ…
たしかに
怪しいけど
知り合いですよ？
LINEでつながっているし
今の時代、
逃げるのムリでしょ
では3万円出資したとする
本当に3％の配当が出て
1年で利回りは36％に！
どうする⁉
3%×12ヵ月=36%
友人だから
こんなすごいの
誘ってくれたの
かも！
調子に乗って
有り金すべてつっこんだ
結果——…
配当金が
止まり
LINE
ブロック
……
ガーン
これが
ポンジスキームだ！
……え？
怖い
人間の欲につけ込んだ
優秀すぎる投資詐欺！
ありえない利回りでも
実際に配当金をもらうと
これは
詐欺じゃ
ないかも！
と思ってしまう。
誕生から100年経っても
投資詐欺業界の王様！
え〜ん
どうすれば
いいの？
バブバブ
やっぱり
基本は
相場から大きく
離れたものを
無視すること

そして、聞いてしまったうまい話を忘れること
あなただけに今だけの特別なお話です
ブー
ポンジスキームは少額でも投資しちゃうと心を持っていかれる
うーたしかになー
あとは
「未公開株」「未公開ファンド」「ベンチャーファンド」「有識者も出資してるよ」「あなただけに教えます」
などのキーワードが出たら超警戒すること！
もしかしたらいい話かもって思っちゃう……
見抜き方とかないの？
ない
ないんかーいっ
投資を知って利回りばかりに目が行くのは非常に危険…！
努力せずに神様以上の利回りを長期的に出せるはずがない!!
そんなうまい話はこの世にないと心得るべし!!
押忍!!!!

初心者は手を出してはいけない投資
詐欺ではないけど条件反射で無視してOKな投資を教えるね！
えっ 無視でいいの？
そう！
考えてはダメ！営業の話を聞いてはダメ！
サイコー
サイコー
そーなんだーっ
相手は売るプロ！あの手この手でメリットだけを並べてくる
あれこれ言わないと売れない商品なんていらない！
はーいっ

無視でOKの投資商品

●毎月分配型の投資信託※1

運用側で利益が出ていなくても配当金が出る。そう、ポンジスキームにそっくり。※2 リスクが高い上に、手数料も高い。

※1 商品名や目論見書などで確認できる。5章で紹介した投資信託はこれに該当せず、信託内からの配当金があっても再投資して複利運用されている

※2 利益から配当している時もある

分配金でーす
ダイジョーブだよね…？

●銀行窓口や対面販売で勧められる投資商品

人件費がかかる分、全く同じ商品でもネット証券よりも高額。販売員に歩合が入る商品を優先的に勧められることも。それは「僕たちが得する商品」ではなく「店側が儲かる商品」。

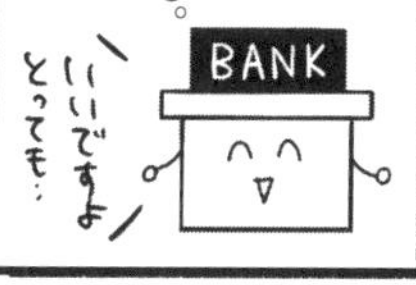
BANK
いいですよ とっても…

●新築ワンルームマンション投資

ほぼすべて利益を生まないと思っていい。「毎月〇円の手出しで不動産が手に入る」や「節税になる」が売り文句ならアウト。本来の利益である「家賃収入」を推せない時点で、無視でOK。

アハハハ

よくFXで大儲けって話を聞くんですがあれはどうなんでしょう?
詐欺じゃないし否定はしないけど……
もうかりますか?
やめておけ…
投資初心者は無視でOKです
も〜なんでこう楽にさ〜もうけたがるかなぁ知識もないのにさ〜
はいっ
FXは仕組み上誰かが儲かって誰かが損をする
初心者が歴戦の強者の中で利益を得るのは難しい!
えっ
えっ
相当な努力と勉強が必要!

よく聞く投資

●FX（外国為替証拠金取引の略）

為替の差額で利益を出す。お金を担保に、元手の何倍もの取引ができるのが特徴。利益は大きいが損失も大きい。

アハハハ…

●不動産投資

土地や建物を賃貸することで利益を出す。※不動産の見極めと購入がスタートなので、知識と大きな資金が必要。しっかりと学んで行動すれば利益を生んでくれる投資。

※購入後の空室リスクや災害リスクを考えると、不動産ビジネスと考えた方がよい

ムフ♡

●暗号資産（仮想通貨）※

ビットコインを代表とするデジタルアセット（資産）。株式より価格変動が激しく、初心者にはリスクが大きい。

暗号資産を動かしているブロックチェーンというテクノロジーは今後も注目。

※金融庁では暗号資産と呼ぶことで統一されている

自覚のない借金に注意！
もうひとつ注意なのが借金！
借金
ムッフン
こう見えて借金とは無縁ですっ
高額エステを分割払いしてなかった？
脚が、太いのが、コンプレックスなんです…
これあてると本当にヤセます！
えっ!? あれも借金なの？
利息や手数料を払って後払いとなるのは、すべて借金みたいなものー！
え？すぐに払えない？
毎月少しずつでOKよ
ウィン
3回これにしてボーナス入ったら満額払っちゃお
たしかに定価よりたくさん払ったなー…
自覚のない借金は世の中にはたくさんある！
クレジットカード毎月いくら使ってる？
どーなの？
5万円くらいかなっ
毎月の引き落としを1万円にしてあげるって言われたらどう？※
※ただし条件は手数料率が年18％
パァーー
いいの？
大河内マジック…!?
5万使っても支払い1万円～♪
わーいわーい
そんなうまい話あるわけ……
ないよ
……
ハァ…
よいしょ
ほらここで手数料18％って言ってるしね！
支払う1万円の中身は多額の手数料だよ！
小さすぎて見落としちゃったよ！

クレジットカードの支払いの仕組み

●通常払い

限度額50万円のクレジットカードを、毎月5万円使用した場合

	12月	1月	2月	3月	～	10月
引き落とし		5万円	5万円	5万円	～	5万円
使う	5万円	5万円	5万円	5万円	～	5万円
未払い残高	5万円	5万円	5万円	5万円	～	5万円

→未払い残高は、常に1ヶ月分

●リボ払い

限度額50万円のクレジットカードを、毎月5万円使用した場合
（1万円でリボ払い＝内訳は手数料6000円＋支払い4000円とする）

	12月	1月	2月	3月	～	10月
引き落とし		手数料 6000円 支払い 4000円 （引き落とし後残4.6万円）	手数料 6000円 支払い 4000円 （引き落とし後残9.2万円）	手数料 6000円 支払い 4000円 （引き落とし後残13.8万円）	～	手数料 6000円 支払い 4000円 （引き落とし後残46万円）
使う	5万円	5万円	5万円	5万円	～	5万円
未払い残高	5万円	9.6万円	14.2万円	18.8万円	～	51万円

→支払い金額が変わらなければ、未払い残高は増え続ける
→リボ払い手数料は年15～18％
支払い金額の半分以上がリボ払い手数料になることも

気づいた時には
限度額オーバー！
払えなくて
自己破産する
場合も……

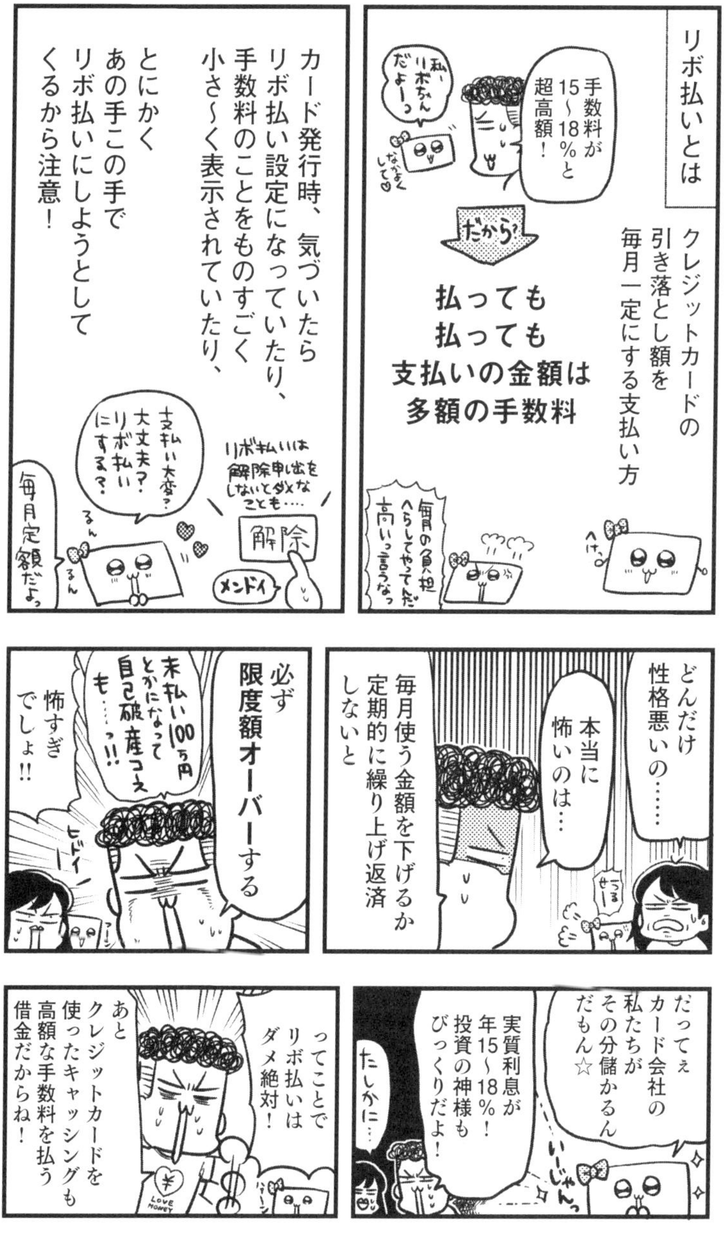
リボ払いとは
クレジットカードの引き落とし額を毎月一定にする支払い方
手数料が15~18%と超高額!
私~リボちゃんだよーっ
なかよくして♡
だから?
払っても払っても支払いの金額は多額の手数料
へけっ
毎月の負担へらしてやってんだ高いっ言うなっ
カード発行時、気づいたらリボ払い設定になっていたり、手数料のことをものすごく小さ~く表示されていたり、
とにかくあの手この手でリボ払いにしようとしてくるから注意!
支払い大変?大丈夫?リボ払いにする?
リボ払いは解除申し出をしないとダメなことも……
解除
メンドイ
るんるん
毎月定額だよっ
どんだけ性格悪いの……
本当に怖いのは…
毎月使う金額を下げるか定期的に繰り上げ返済しないと
必ず限度額オーバーする
未払い100万円とかになって自己破産コースも……っ!!
怖すぎでしょ!!
ヒドイ
だってぇカード会社の私たちがその分儲かるんだもん☆
実質利息が年15~18%!投資の神様もびっくりだよ!
いーじゃんっ
たしかに…
ってことでリボ払いはダメ絶対!
あとクレジットカードを使ったキャッシングも高額な手数料を払う借金だからね!
LOVE MONEY

その他の身近にある借金

●デンタルローンやエステローン

ローンと言われればわかりやすいけど、分割払いも実質借金！
分割払いは必ず手数料を確認しよう。クレジットカードの分割払いやリボ払いよりはマシなことが多い。
相場はこれくらい。
・デンタルローン相場：3～8％
・エステローン相場：幅広い。場合によってはリボ払い以上のことも…！

●住宅ローン

マイホーム購入のための借金。2021年においては、歴史的な超低金利で利子は激安。だからといってたくさん借りるというのはダメ！
新型コロナ時代において、ボーナス払い頼りや、残業代が前提の返済計画は恐ろしすぎます。
ちなみに、銀行の審査が通った＝安全ではありません。銀行は貸せればOK。返済されなくなったらあなたのマイホームを取り上げるだけ。
（借金の際に担保としてマイホームを提供している）

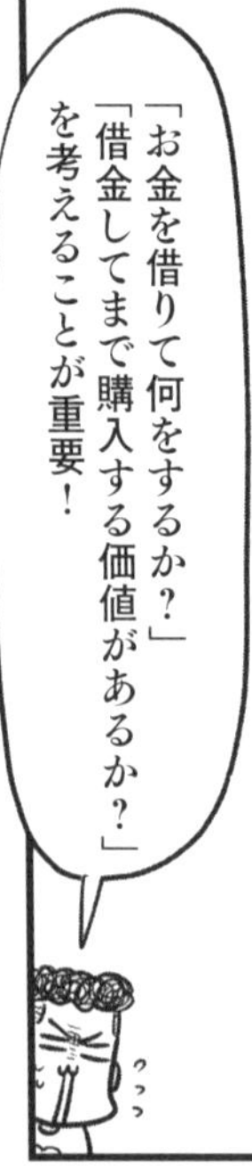
「お金を借りて何をするか？」
「借金してまで購入する価値があるか？」
を考えることが重要！

●カーローン

車を買う時のローン。相場は1％台～10％くらいまでと幅広い。
銀行系のカーローンの利率が低く、車を販売する会社の独自ローン（ディーラーローン）は高い。
ローンとは呼ばれない手数料ありの分割払いや、手数料ありのリースも借金と同等。

●奨学金

無利子または有利子で日本学生支援機構からお金が借りられます。わかりやすく名前を付けるなら「学生借金制度」。紛れもない借金です。よくわからずなんとなく借りるのはNG。社会に出た時に借金を抱えてのスタートになっちゃうよ。

● ZOZOTOWNのツケ払いや、メルカリの後払い

手数料を支払うことにより後払いにできるので、実質借金です。現状のルールでは手数料の金額が高額になることはないけど、後払いになった金額に対する手数料の比率を考える＝利回りとして考えると、かなり高額。リボ払い以上の手数料率になることも！

大河内先生のやさしいお金講座⑪

身近な借金「住宅ローン」のいろは

住宅ローンの用語を確認

一番身近な借金といえば、住宅ローンだと思います。一般的には住宅ローンに悪いイメージはないので、「借金」と言われると違和感を覚える人もいるかもしれません。でも借金には変わりないので取り扱い注意です。

まずは借金を考える上で、以下の用語をおさえましょう！

●金利

お金を借りた側が支払う利子の割合のこと。特に断りなく金利○%と言われたら、**年間で支払う利子の割合**を示す。貸す側でいう利回りのこと。

●変動金利

金利のうち、**返済中に定期的に金利の見直しがされるもの。**

現在は歴史的な超低金利なので変動金利で住宅ローンを組んだ方がお得。ただし、住宅ローンの返済年数として一般的な35年の間に、金利が大きく上がるかもしれない。損得のリスクの振れ幅が大きい。

●固定金利

金利のうち、**返済中の金利が当初契約からずっと変わらないもの。**

契約時は市場の相場より高いが、将来に渡り金利の相場が上がった場合はお得。契約時点で、支払う利子の総額がわかるので資金計画が組みやすい。損得のリスクの振れ幅が小さい。

●元利均等返済

ローン返済の一種。**毎月の返済総額（元金※＋利子の合計）が一定となる。**

返済の前半は利子の支払いが多く、後半になればなるほど元金の返済が多くなり利子の支払いが少なくなるので、後述する元金均等返済より、**トータルの出費は増える**。

※借入れた金額

●元金均等返済

ローン返済の一種。**毎月返済する〝元金の金額〟が一定となる**。

返済開始当初から1回の返済総額（元金＋利子）が元利均等返済よりも大きくなるため、**トータルの出費は減る**。毎月の返済に耐えられるなら、迷わず元金均等返済でOK。ただし、住宅ローンでは元金均等返済に対応してくれない金融機関も多い。

●担保

借金をする際に、万が一返済ができなくなった場合に備えて、**金融機関があらかじめ提供させる資産**。返済できなくなった場合は、その担保で借金の返済をする（債務を弁済する）。住宅ローンの際の担保はもちろんマイホーム。銀行は貸せれば基本ＯＫで、**返済できない場合はマイホームを取り上げるこ**とで返済に充てる。

借金というのはサービスです。僕たちは日常で色々なサービスにお金を払います。たとえば飲食店に行ったり、美容室に行ったり、マッサージに行ったり。その時サービスを受けて、お金を払いますよね。借金もそれと同じで、「お金を借りる」というサービスを受けて、「利子」という支払いをします。

つまり、**借金をしているのに支払利子の総額を把握していないということは、値段がわからない飲食店でごはんを食べているようなもの**です。だから必ず利子は確認しましょう。その時に前述の用語は必ず必要になってくるので参考にしてください。

また、**住宅ローンはどうしても借りすぎる傾向があるので要注意**です。「年収の8倍まで借りられる」

なんて言いますが、8倍まで借りたら明らかに借りすぎです。ボーナスに頼らず、残業代にも頼らない返済計画にしましょう。新型コロナ禍以降、ボーナスや残業代がいつなくなってもおかしくない時代です。

最強節税！　住宅ローン控除と注意点

住宅ローンは最強レベルの節税、**「住宅ローン控除」**を使うことができます。

住宅ローンを組んで、一定の条件を満たしたマイホームを購入した場合、**1年で最大40万円×10〜13年間の節税が可能**です。

マイホーム購入年は必ず確定申告が必要になるので忘れずに。確定申告と聞くと身構えるかもしれませんが、安心してください。少しめんどうだけど難しいものではありませんし、よくわからない時は税務署に聞けば全く問題ないです。

住宅ローン控除は令和4年以降改正の話が出ていて、今よりかなりメリットが下がる可能性があります。

もちろん住宅ローン控除ありきでマイホームを買うのは本末転倒ですが、「令和4年以降に買うとお得が減るかもしれない」ことは覚えておきましょう。詳細が確定次第、ＹｏｕＴｕｂｅなどで発信していきますね。

大河内先生のやさしいお金講座⑫

クレジットカードのリボ払いからの脱出方法

リボ払いは危険な借金

7章では、カワイイ顔したリボ払いが**〝実質借金〟**であること、しかも取り扱いを間違えれば、**必ずカード限度額オーバーすること**を学びました。

もう一度注意喚起をします。リボ払いを設定して毎月気にせずカードを使うことは、**毎月法律ギリギリの高い金利で、消費者金融から少しずつ借金しているのと変わりません**。いずれ大変なことになります。本当に恐ろしいシステムです。

とはいえ、すでに絶賛リボ払い中な方もいるわけで、ここでは脱出方法を記載しておきます。先に言っておきますが、裏技などありません。やることは2つです。

①クレジットカードを使うのをやめる。
②リボ払いで溜まった金額（借金）を愚直に返済する。

返済は、リボ払いでの毎月支払いをそのまま続行するのではなく、ガンガン繰り上げ返済をしましょう。※返済が早ければ早いほど、支払う利子の総額が減ります。

そして返済が完了したら、**リボ払いの設定を解除**して、クレジットカードの使用を再開です。苦しいと思いますが、なんとか頑張ってください。

お金の失敗は恥ずかしいことではありません。お金の教育がない日本では仕方がないことです。

僕の周りはマネーリテラシーの高い人が多いですが、お金の失敗をしている人もかなり多いです。お金の失敗をして、お金について学ぶ重要性を知って、必死で学んでマネーリテラシーを獲得した人が多いということです。ピンチをチャンスに変えていきましょう。あなたの頑張りを、心から応援しています。

※カード会社によっては一括返済しかできない場合もあります

7章のまとめ

◎投資の知識がつき始めた頃が、一番投資詐欺にあいやすいので注意！

◎投資詐欺の手法は、だいたいポンジスキーム

◎リボ払いやローンなど、自覚のない借金（しかも高金利）に注意！

お金を守るポイント

守る　「FX」「不動産投資」「暗号資産」で利益を出すには、相当な勉強と元手が必要。初心者は手を出さないこと！

守る　「あなただけに特別な話」は絶対にない！　あれこれ説明して売り込まなきゃいけない＝買うのはあなた以外の誰でもOKな商品。他の人にも売り込んでいるはず！

守る　クレジットカードのリボ払いは、取り扱いを間違えると必ず限度額オーバーになる仕組み。自己破産のリスクが大きいので、絶対に手を出さない！

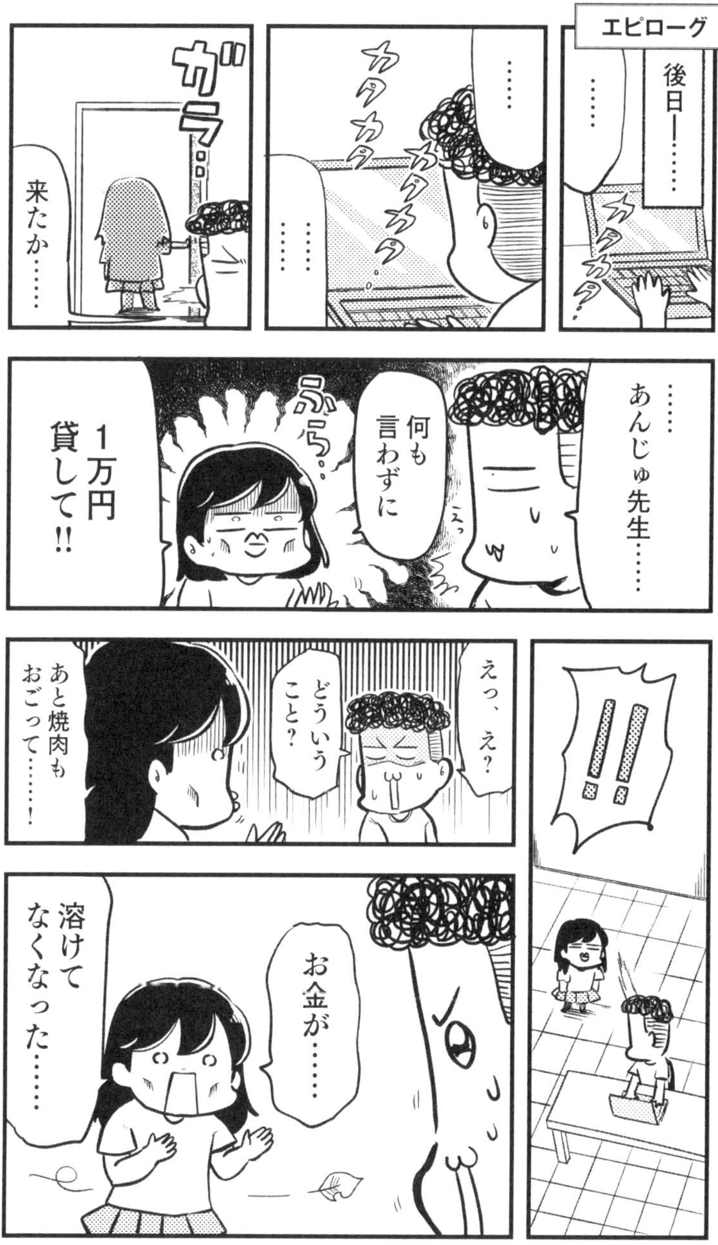
エピローグ
後日――……
……
カタカタ
……
カタカタ
カタカタ
……
ガラ…
来たか……
……あんじゅ先生……
何も言わずに
ぷら…
1万円貸して!!
!!
えっ、え?
どういうこと?
あと焼肉もおごって……!
お金が……
溶けてなくなった……

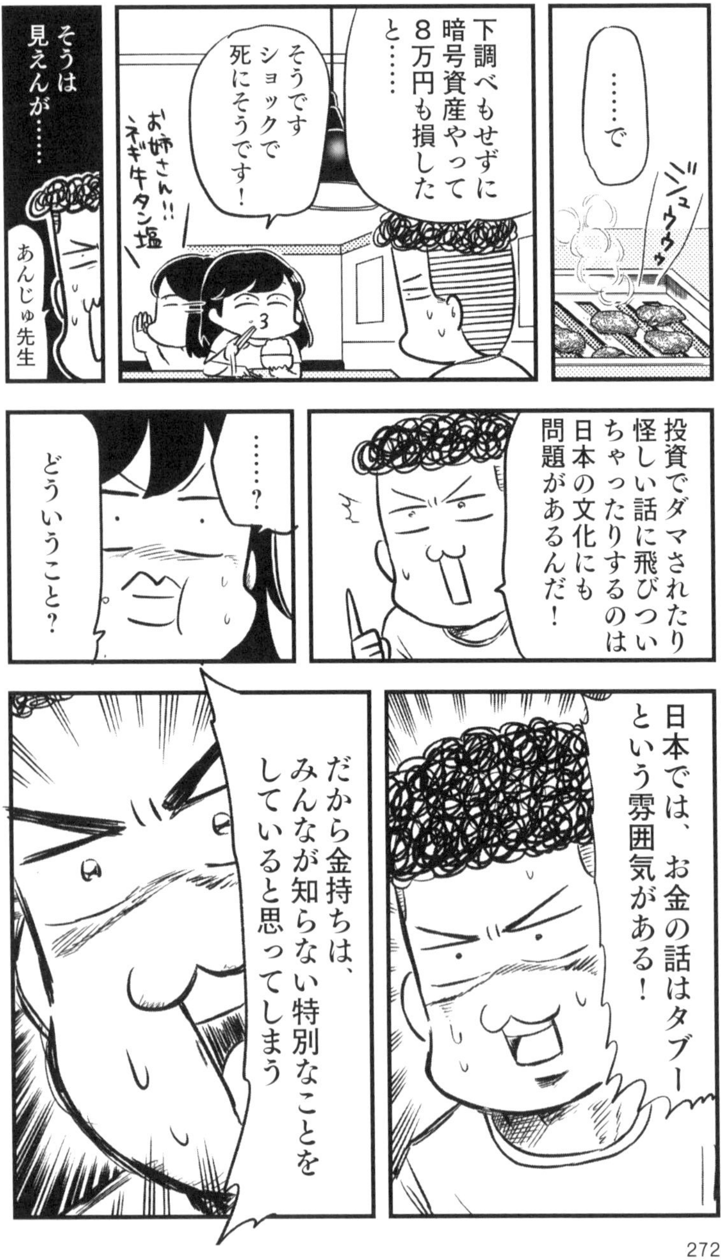
……で
ジュウウゥ
下調べもせずに暗号資産やって8万円も損したと……
そうですショックで死にそうです!
お姉さん!! ネギ牛タン塩
そうは見えんが……
あんじゅ先生
投資でダマされたり怪しい話に飛びついちゃったりするのは日本の文化にも問題があるんだ!
……?
どういうこと?
日本では、お金の話はタブーという雰囲気がある!
だから金持ちは、みんなが知らない特別なことをしていると思ってしまう

……
……!!
焼肉食べ放題!
ネギ牛タン塩でーす
してないんですか?
特別な何かがあるんじゃないんですか?
もー!
してないよ! 今まで何聞いてたの!!
だから実際にうまそうな話があると……
うまい話があるんですよ……
ついに自分にも特別な話を見つけた!!
やる!
やる
やるっ
やるのすけ~♡
……と飛びついてしまう!!
……
……
う
うぁ
あ……
たしかに!!

断言する
楽して稼げる話は……
ない!!
はい!!
楽して守れるお金も……
ないっ!!!!
はい!!
……
……
……
今なら
わかります
大河内さんが言っていること……

お金の勉強……
大変だったけど
やってよかった……！
ありがとう
大河内さん！
焼肉も
ありがとう…
うむ！
今日も
いっぱい
食べなさい！
うん！
牛丸
焼肉

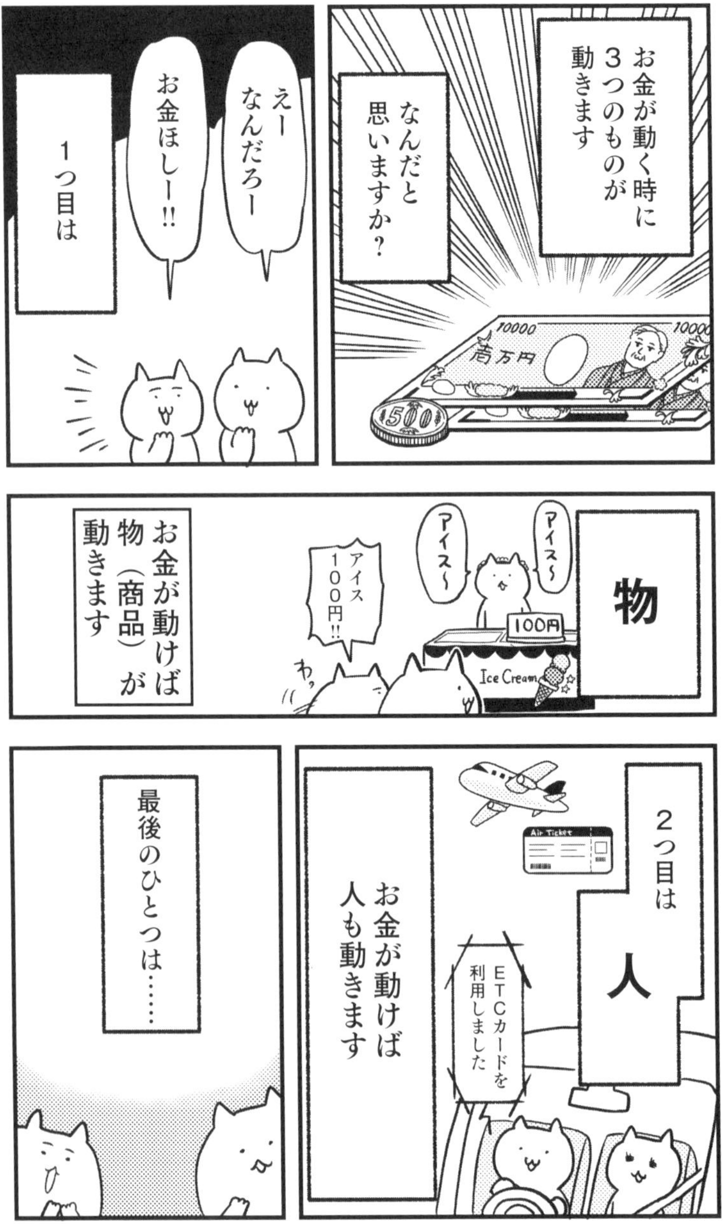
お金が動く時に3つのものが動きます
なんだと思いますか？
えーなんだろー
お金ほしー!!
1つ目は
物
アイス～
アイス～
アイス100円!!
100円
Ice Cream
お金が動けば物（商品）が動きます
2つ目は
人
Air Ticket
ETCカードを利用しました
お金が動けば人も動きます
最後のひとつは……

心
感動して心を動かされた時お金は動くのです
お金を稼ぐって大変ですよね
だから使う時も今まで以上に考えて使いたい
自分のために周りのために
これからは未来のために……
願わくばこの本が小さく投資を始めるすべての人と大切な周りの人たちを
守れますように

老後2000万円問題が解決したのはわかったけど単純にお金が欲しいわ
親孝行は増えたお金でいいよ！
お父さんはハワイに行くお金が欲しいな
ガビーン
キィエエエエエエエ!!
I ♡ HAWAII

完

投資

NISA

iDeCo

投資詐欺

✔ この本で「わかること」＆「できるようになること」リスト

用語や制度を理解できたか、実際に行動できたかを確認してくださいね！

貯金

- □ 貯金だってリスクがあることがわかる …… 35p

インフレ

- □ インフレが自分の生活にどう関係するかわかる …… 35p
- □ インフレのリスクがわかる …… 35p

2000万円問題

- □ 2000万円問題がわかる …… 28p
- □ 年金の足りない金額は人それぞれだとわかる …… 33p
- □ 自分に足りない金額の目安がわかる …… 33p

税金・控除

- □ 給料から何が天引きされているかわかる …… 50p
- □ 源泉徴収票の見方がわかる …… 51p
- □ 所得税の計算方法がザックリわかる …… 54p
- □ 手取りがわかる …… 58p
- □ 節税の基本である「控除」がわかる …… 54p
- □ 自分に使える控除の調べ方がわかる …… 57p
- □ ふるさと納税がなぜお得かわかる …… 60p
- □ ふるさと納税ができる …… 62p
- □ ふるさと納税や控除のために確定申告ができる …… 90p

国の医療保険

- □ 高額療養費制度がわかる …… 67p
- □ 自分の収入だと、1ヶ月の医療費の上限がいくらになるかわかる …… 68p
- □ 出産育児一時金、傷病手当金、出産手当金がわかる …… 70p

年金制度

- □ 年金制度は破綻せず、老後の年金がもらえることがわかる …… 21p
- □ 自分がもらえる年金の金額をざっくり計算できる …… 73p
- □ 老後の他に、死亡や障害の際にもらえる年金がわかる …… 75p

民間保険

- □ 国の保険がどこまでカバーしているかわかる …… 64p
- □ 国の保険を踏まえて、民間保険をどう見直すかわかる …… 80p

あとがき
原稿描いてて、一ケ月ひきこもったら5キロ増えました。
まるまると…
つぎはダイエット本どーです？ サンクチュアリ出版さん！
こちらの本、読んでくださった皆々様～～！ この度は、んもおぉぉ～ 本当にありがとうございます！ 漫画を担当した若林杏樹です。
あ～～♡
そしてこのページ読んでくださってありがとうございます！ 優しいっ天才っ
ハイ・オムライス
今回の本 超絶タイトスケジュールで書き上げたんですが…
ノルマ 1日7ページ
1ケ月まるまる
（あと10日間で100Pネーム）
ムリ
それができた理由は…
ヒエピタはってたよ
大河内さんのモジャモジャを描くアシスタント…通称
モジャスタント
をお願いしてできました！
このモジャめっちゃめんどい
また、いつも手伝ってくれるアシのG!onとももたさん、とんちきさんニクドオさんには非常に支えてもらいました。本当にありがとうございます。
共著の大河内さんには「好きなものかっていいよ」と一万円アマギフと、アシスタント代の大半を負担してもらいました… ありがたすぎるぇ…
HAHA
アマギフ
ギブミーアマギフ!!
編集のO川さんには大量のプロテインバーを送ってもらいました… ありがたや～～！
あげますよ～
えへへ～ これで描いてね～
ギブミープロテインバー
運営しているオンラインサロンのあんマンサロンと、大河内さんのサロンのマネリテメンバー またツイッターのフォロワーさんなど本当にマジで励ましてもらいました。
シャイニングありがとう!!
そして改めて『お金のお守り本』として、読んでくださった読者の皆様に感謝感謝でございます。お金の勉強で何かお役に立てばこれ幸いでございます。

お手伝いいただきましたアシスタントさんの皆様あとがき

皆様、最後まで読んでいただき有難うございます。G！onです。今回は3人の心強いアシスタント仲間たちや、大河内さんのモジャモジャを描いてくれた皆様と共に、とてもハートフルな作業環境で楽しく原稿を進めさせて頂きました。楽しい時間をありがとうございました。
楽しいお仕事♡
GON
ヒィィィィ
ヒィィィィ
ヒィィィィ
アシスタントのももたりさです。フリーランス税本の頃からお2人のファンなので、とても貴重で心に残る経験をさせて頂きました！
この度は楽しい時間をありがとうございました。
ご出版おめでとうございます！♡
本当にありがとうございました♡!!
こちらもオススメです!!
フリ♡ 税金 損しない 方法
㊗ご出版
アシスタントのとんちきくまです!!
楽しくアシスタントさせて頂きました!!
尊敬するお2人の本に携わることができ光栄です
お金の勉強大事!!
あんマンサロンきっかけで書籍のアシスタントに入らせていただきましたニクドオです。
自分の活動とは違い、忙しくもたのしい期間を過ごせました！
本当に貴重な経験をありがとうございます！
出版おめでとうございます〜
モジャスタントの皆様
祝 出版
おめでとうございます!!
とっても楽しくモジャらせていただきました
ゆるぴよ
ありがとうございました
出版おめでとうございます
けいたっぷ
出版おめでとうございます!!
楽しくモジャらせていただきました♡
ちころ
祝
モジャ祝
ロカ

あとがき

アメリカの公共政策を分析した論文によれば、公共政策で費用対効果が高いのは、子供への教育だとわかっています。適切な教育を受けて大人になれば、優秀な働きをしてたくさん稼いでたくさん税金を納めてくれるんだとか。

一方、経済協力開発機構（ＯＥＣＤ）が２０１８年に公開した資料によれば、小学校から大学までの教育機関への公的支出の割合は、資料内34ケ国中で日本が最下位でした。教育に投資しない国、ニッポン。国家レベルでお金の使い方が下手なんです。それもそのはず、日本にはお金の教育がありません。自ら学ばないのなら、政治家だってお金に弱い。悪循環は止まりません。

「日本のお金の教育を変えること」…これができれば日本のみんながお金に強くなり、そんな人たちが作る国は経済大国として復活する。一気に好循環になるんじゃないかと感じた僕は、お金の教育を広める活動をしています。その一環で本書も作りました。老若男女、誰でもお金を学べるギャグ漫画です。

あなたはこの漫画でお金の基礎を学びました。基礎を学んだんですが、これで終わりではありません。お金は一生使うものだから、一生学んでほしいです。そして強くなってほしい。

お金に強くなることは、あなたと大切な人の人生を守ることとです。あなたと大切な人のお守りとなれるように、初めてお金を学ぶすべての人を見守れるように。僕たちはこの本を「お金のお守り本」と呼ぶことにしました。

この本があなたの人生を守ることができたなら、周りの大切な人にも教えてあげてください。ＳＮＳでシェアしてください。ハッシュタグ「お金のお守り本」とつけてくれたら、僕は喜んで全部読みに行きます。また、今後お金についてわからないことがあったら、僕のＹｏｕＴｕｂｅライブのコメントで聞いてください。

最後に、サンクチュアリ出版のみなさま、編集の大川さん、共著者のあんじゅ先生とアシスタントの方々、マネリテ戦略室サロンメンバーのみんな、応援してくれるみなさん、この本を手に取ってくれた読者のみなさん、感謝しかありません。

僕もまた、本を書いて終わりではありません。まだお金の勉強をしていないすべての方に〝お金のお守り本〟が届くまで、全力で頑張ります。

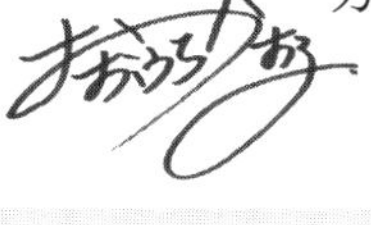

参考文献・参考WEBサイト

■全国健康保険協会 HP「高額な医療費を支払った時（高額療養費）」より
https://www.kyoukaikenpo.or.jp/g3/sb3030/r150/

■日本年金機構 HP
「遺族年金（受給要件・支給開始時期・計算方法）」より
https://www.nenkin.go.jp/service/jukyu/izokunenkin/jukyu-yoken/index.html
「障害年金（受給要件・支給開始時期・計算方法）」より
https://www.nenkin.go.jp/service/jukyu/shougainenkin/jukyu-yoken/index.html

■保険・生命保険のメットライフ生命 HP　https://www.metlife.co.jp/

■年金積立金管理運用独立行政法人 HP「2020年度運用状況」より
https://www.gpif.go.jp/

■ JPモルガン・アセット・マネジメント（株）「2021 Long-Term Capital Market Assumptions」より
https://am.jpmorgan.com/jp/ja/asset-management/per/insights/portfolio-insights/long-term-capital-market-assumptions/

https://am.jpmorgan.com/content/dam/jpm-am-aem/asiapacific/jp/ja/insights/portfolio-insights/2021-ltcma-matrix-jpy.pdf

■日経平均プロフィル　HP　https://indexes.nikkei.co.jp/nkave

■ S&P 500 Historical Prices　https://www.multpl.com/s-p-500-historical-prices

■ MSCI HP「MSCI ACWI INDEX DAILY PERFORMANCE」より
https://www.msci.com/acwi

■金融庁 HP「NISAとは？」より
https://www.fsa.go.jp/policy/nisa2/about/index.html

■楽天証券 HP「NISAとは？」と「確定拠出年金（iDeCo）」より
https://www.rakuten-sec.co.jp/web/lp/tsumitatenisa_portal/
https://dc.rakuten-sec.co.jp/

■トリニティ大学研究論文
「Retirement Savings: Choosing a Withdrawal Rate That Is Sustainable」
https://www.aaii.com/files/pdf/6794_retirement-savings-choosing-a-withdrawal-rate-that-is-sustainable.pdf

■ Yardeni Research, Inc.
「Stock Market Indicators: Historical Monthly & Annual Returns」Historical Returnsより
https://www.yardeni.com/pub/stmktreturns.pdf

■楽天証券「個人型確定拠出年金（iDeCo）ガイド」（2021年5月改訂版）
https://dc.rakuten-sec.co.jp/pdf/guide/imakara.pdf?20210518

■国税庁 HP
「確定申告書、青色申告決算書、収支内訳書等」より
https://www.nta.go.jp/taxes/shiraberu/shinkoku/yoshiki/01/shinkokusho/02.htm
「源泉所得税関係」より
https://www.nta.go.jp/taxes/tetsuzuki/shinsei/annai/gensen/pdf/r2bun_06.pdf

※本書に記載されている情報は、2024年1月時点のものです。法改正などにより、内容が変更になる可能性があります。

SPECIAL THANKS

【お金の座談会】田端信太郎、大手町のランダムウォーカー、いのP、ティー

【マンガアシスタント】G!on、ももたりさ、とんちきくま、ニクドオ

【協力】　あんマンサロンメンバー
けいたっぷ、ゆるぴより、圭一、もか、ただのちひろ、こばやしまー、コウ師範
大河内薫マネリテ戦略室サロンメンバー

sanctuary books

サンクチュアリ出版ってどんな出版社？

世の中には、私たちの人生をひっくり返すような、面白いこと、すごい人、ためになる知識が無数に散らばっています。それらを一つひとつ丁寧に集めながら、本を通じて、みなさんと一緒に学び合いたいと思っています。

最新情報

「新刊」「イベント」「キャンペーン」などの最新情報をお届けします。

Twitter	Facebook	Instagram	メルマガ
@sanctuarybook	https://www.facebook.com/sanctuarybooks	@sanctuary_books	ml@sanctuarybooks.jp に空メール

ほんよま

「新刊の内容」「人気セミナー」「著者の人生」をざっくりまとめたWEBマガジンです。

sanctuarybooks.jp/webmag/

スナックサンクチュアリ

飲食代無料、超コミュニティ重視のスナックです。

sanctuarybooks.jp/snack/

大河内薫（おおこうち・かおる）

税理士。株式会社 ArtBiz 代表取締役。
芸術学部卒という税理士として異色の経歴を持ち、芸能・芸術 / クリエイターに特化した税理士事務所を経営。また、最新メディアや SNS での発信を得意とし、税理士として最大級の YouTube チャンネルを運営 (登録者数 33 万人超)。現在はオンラインサロン「大河内薫マネリテ戦略室」を活動の中心に据えて、お金の教育を義務教育に導入すべく活動中。小学校から大学まで、実際の学校現場で「お金の授業」をしている。共著に『お金のこと何もわからないままフリーランスになっちゃいましたが税金で損しない方法を教えてください！』。
X：@k_art_u

若林杏樹（わかばやし・あんじゅ）

漫画家。
新卒で私立大学職員として入職。超ホワイトな職場で 5 年間働くも、長年の夢を叶えるために脱サラし、フリーの漫画家に。全くの無名、ツテなしから、SNS を営業ツールとして駆使し、自他共に認める天才美少女漫画家として幅広く活躍している。漫画家のためのオンラインサロン国内 No.1「あんじゅ先生漫画家サロン」を運営。好きなことで食っていく人を増やすために奮闘中。ニックネームはあんじゅ先生。
共著に『お金のこと何もわからないままフリーランスになっちゃいましたが税金で損しない方法を教えてください！』。
X：@wakanjyu321

貯金すらまともにできていませんが
この先ずっとお金に困らない方法を教えてください！

2021 年　9 月 20 日　初版発行
2024 年　2 月　8 日　改訂版発行
2024 年　6 月 27 日　第 18 刷発行（累計 13 万 9 千部※電子書籍を含む）

著 者　　大河内薫　若林杏樹

デザイン　井上新八
DTP　小山悠太
営業　二瓶義基（サンクチュアリ出版）
広報　岩田梨恵子（サンクチュアリ出版）
制作　成田夕子（サンクチュアリ出版）
編集　大川美帆（サンクチュアリ出版）

発行者　鶴巻謙介
発行所　サンクチュアリ出版
〒 113-0023　東京都文京区向丘 2-14-9
TEL 03-5834-2507　FAX 03-5834-2508
https://www.sanctuarybooks.jp
info @ sanctuarybooks.jp

印刷　株式会社シナノパブリッシングプレス